PLACES DE GUERRE

ÉTUDE

SUR

LES SERVITUDES MILITAIRES

CONTENANT

L'exposé général de la législation.
— Le classement actuel des places de guerre
et postes militaires. — La détermination de la zone
des fortifications, du terrain militaire et des zones de
servitudes. — Les propriétés [illegible] servitudes. — Les
indemnités [illegible] droit de propriété
[illegible] — [illegible] aux lois sur les
servitudes militaires. — La nomenclature
des divers travaux de défense.

PAR

Raymond [illegible]

[illegible]

[illegible]

PARIS

LIBRAIRIE ADMINISTRATIVE [illegible] PAUL DUPONT

Rue de Grenelle-Saint-Honoré, [illegible]

1879

ÉTUDE

SUR

LES SERVITUDES MILITAIRES.

PLACES DE GUERRE.

ÉTUDE

SUR

LES SERVITUDES MILITAIRES

COMPRENANT :

L'exposé général de la législation.
— Le classement actuel des places de guerre
et postes militaires. — La délimitation de la zône
des fortifications ou terrain militaire et de la zône des
servitudes. — Les propriétés grevées de ces servitudes. — Les
indemnités auxquelles peut avoir droit la propriété
privée. — Les contraventions aux lois sur les
servitudes militaires. — La nomenclature
des divers travaux de défense.

PAR

Raymond BLANCHE

Ancien Conseiller de Préfecture des départements des Ardennes et de l'Aisne,
Conseiller de Préfecture du département du Calvados.

CAEN
TYPOGRAPHIE GOUSSIAUME DE LAPORTE
Rue au Canu, 5.

1869.

AVANT-PROPOS.

En réunissant dans la même brochure la législation qui régit les places de guerre, avec toutes les modifications que la marche du temps, les engins nouveaux et les règles de la stratégie ont successivement apportées, je n'ai eu qu'un but:

Rendre les recherches faciles et sûres; épargner le temps du lecteur, en examinant la plupart des questions que peuvent faire naître ces servitudes, et en le tenant au courant de la législation et de la jurisprudence les plus récentes;

En un mot: vulgariser cette étude et mettre tout propriétaire à même de défendre ses propres intérêts sans recourir à un tiers.

Puisse-t-il être fait à ce travail un accueil favorable!

ÉTUDE

SUR LES SERVITUDES MILITAIRES.

INTRODUCTION.

Les servitudes militaires n'étant qu'une conséquence de l'existence des places de guerre, il convient de parler tout d'abord des places de guerre.

Qu'est-ce qu'une place de guerre? Une place de guerre est un lieu protégé par des fortifications et destiné à recevoir des troupes pour la défense de l'État.

Indépendamment *des places de guerre,* expression qui semblerait embrasser dans la généralité de ses termes tout ce qui est propre à repousser l'agression, il y a les postes militaires, c'est-à-dire les forts ou forteresses, les citadelles, les tours, les châteaux, ouvrages divers, comme la dénomination de chacun l'indique, qui, pour quelques-uns, font partie des moyens de défense qui constituent une place de guerre proprement dite.

On comprend aisément que le système de défense, qui a pour but de sauvegarder le territoire d'une nation contre les éventualités de la guerre, ait subi, avec la marche du temps, d'incessantes modifications, de même que les instruments de guerre et les règles de la stratégie subissaient la même influence. De là, cette diversité dans l'importance relative des points protégés par des fortifications et résultant aussi de l'étendue de la place et de la nature du terrain où elle est située.

L'ensemble de ces mesures a donné lieu à une législation spéciale, qui a pour effet d'affecter gravement la propriété privée, en la grevant de certaines servitudes qui ont fait l'objet principal de cette étude.

Mais, avant d'entrer dans le développement de cette partie de mon travail, j'ai pensé qu'il convenait de jeter un regard rétrospectif sur l'ensemble de la législation, en remontant aussi loin qu'il m'a été possible de le faire. Cette partie de l'étude, que je livre à la publicité avec l'espérance qu'il lui sera fait un accueil bienveillant, ne sera pas la moins saisissante, puisqu'elle empruntera pour ainsi dire à l'histoire tout son intérêt.

Au reste, voici la division que j'ai cru pouvoir adopter :

IV. En quoi consistent ces servitudes militaires? Distinction.

§ 1. — Servitudes relatives aux constructions existantes.

§ 2. — Servitudes relatives aux nouvelles constructions.

§ 3. — Exceptions admises par la loi en faveur de certaines constructions, — formalités à remplir.

V. Des indemnités auxquelles peut avoir droit la propriété privée.

§ 1. — Dans quels cas est-il dû une indemnité ?

§ 2. — A qui et par qui les demandes en indemnité doivent-elles être adressées?

CHAPITRE II.

— *Des contraventions aux lois sur les servitudes militaires.*

I. Du mode de constatation des contraventions.

§ 1. — Par quels agents cette constatation doit-elle être faite et dans quelle forme?

§ 2. — Des suites à donner aux procès-verbaux.

II. De la juridiction chargée de la répression des contraventicns. — Voies de recours.

§ 1. — Formes de l'instruction.

§ 2. — Des peines encourues par les contrevenants.—Prescription.

TROISIÈME PARTIE.

Législation ou textes actuellement en vigueur.

QUATRIÈME PARTIE.

Nomenclature des divers Travaux de défense avec l'explication de chacun des termes téchniques.

PREMIÈRE PARTIE.

—

DES PLACES DE GUERRE.

I. — Exposé général de la Législation.

Nous savons désormais ce qu'on doit entendre par place de guerre ; nous savons aussi ce que cette expression embrasse dans la généralité de ses termes.

Les dispositions réglementaires, auxquelles les places de guerre ont été plus spécialement soumises, remontent au règne de Louis XIV, qui, confirmant ses ordonnances des 3 octobre 1668, 16 juillet 1670 et 2 février 1675, les amplifiait par une nouvelle ordonnance, du 9 décembre 1713.

Cette ordonnance avait pour objet d'assurer la conservation des ouvrages de fortifications et d'empêcher qu'on ne bâtît dans l'étendue qui y était indiquée.

Sa Majesté, informée, comme le porte l'ordonnance, *d'un côté*, que, ne tenant aucun compte de ses ordonnances et particulièrement de celles dont nous venons de rappeler les dates, les soldats des troupes qui sont en garnison, ou qui passent dans des places fortes, frontières et avancées, ruinent les corps-de-garde, guérites, casernes et logements où ils habitent, enlèvent et brûlent les palissades; *d'un autre côté*, que les officiers majors des dites places, ou autres personnes, de leur aveu et par leur tolérance, font labourer dans les dehors, contre-escarpes et fossés des dites places, envoient paître ou permettent qu'il soit envoyé des bestiaux dans lesdits dehors, contre-escarpes et fossé, et *même* que quelques-uns ont fait et font journellement des jardinages dans les dehors, demi-lunes et bastions; *enfin*, que plusieurs personnes ont fait édifier et bâtir des maisons dans les faubourgs des dites places, sans en avoir la permission du Roi, et les ont même avancées jusqu'à la petite portée du fusil des chemins couverts, glacis et autres ouvrages des dehors des dites places, Sa Majesté, ai-je dit, trouvait qu'il était nécessaire de remédier à des abus si préjudiciables à la sûreté, à la conservation, à l'entretien des dites places.

En conséquence, le Roi imposait aux majors et aides-majors des places, l'obligation de visiter exactement, au moins une fois la semaine, les corps-de-garde, guérites, palissades, casernes, logements de soldats, arsenaux et magasins; et il ordonnait qu'une fois tous les mois, l'ingénieur directeur du département ou l'ingénieur en chef de la place assisterait à cette visite. Pour remédier plus sûrement aux abus qui lui avaient été signalés, le Roi défendait encore, par la même ordonnance, à toutes personnes, de quelque qualité et condition qu'elles fussent, même aux majors de ces places, aux aides-majors et autres officiers, de faire labourer dans les dehors, glacis, contre-escarpes et fossés, ni plus près du chemin couvert que de quinze toises au plus, si ledit glacis avait plus d'étendue, comme aussi d'y faire paître aucuns bestiaux plus près du chemin couvert que de quinze toises au plus, sous peine de confiscation des bestiaux, dont Sa Majesté faisait don aux soldats des garnisons. Le Roi défendait aussi à toutes personnes, sans aucune exception, même aux gouverneurs, commandants et autres officiers-majors des places fortes, de faire planter et dresser aucuns jardins dans les bastions, demi-lunes, fossés, contre-escarpes et autres ouvrages des fortifications des dites places, sans une permission expresse et par écrit de lui, voulant que les jardins qui auraient été dressés et plantés sans cette permission, fussent incessamment rasés.

Ce n'était là, si l'on peut ainsi parler, que des mesures de police intérieure, et j'ai dit que l'ordonnance du 9 décembre 1713 avait aussi pour objet d'empêcher qu'on ne bâtît dans l'étendue qui y était indiquée.

Or, il était défendu à toutes personnes, de quelque qualité et condition qu'elles fussent, de faire construire et édifier aucunes maisons et clôtures de maçonnerie dans les faubourgs et aux avenues des dites places plus près de 250 toises de la palissade du chemin couvert, s'il y en avait, à peine par le propriétaire de souffrir la démolition et le rasement des dites maisons et jardins, sans aucun dédommagement ; et par les officiers-majors des dites places, qui auraient consenti aux dites contraventions, d'être privés pendant trois mois du paiement de leurs appointements ; et, à l'égard des maisons et murs de clôture qui pouvaient exister à la date de l'ordonnance, dans la distance de 250 toises, Sa Majesté ordonnait qu'il en serait dressé des plans exacts par les ingénieurs-directeurs des départements ou par les ingénieurs en chef des dites places, pour, sur le vu de ces plans, être ordonné par elle, sur la démolition de ces maisons et murs de clôture, ce qu'elle jugerait convenable à son service et à la sécurité des places.

Louis XV, notamment, par ses ordonnances des 5 mai 1758, 10 mars 1759 et 1er mars 1768, sépara le corps du génie de celui de l'artillerie, prit quelques dispositions concernant les compagnies de sapeurs et de mineurs, et régla le service militaire dans les places de guerre et les quartiers.

Louis XVI, par une ordonnance du 31 décembre 1776, régla à son tour le service du corps royal du génie dans les places et sur les frontières ; de plus, aux termes de l'article 26, titre V de cette ordonnance, il ne devait être fait à l'avenir, dans les provinces frontières, aucune construction d'ouvrage, soit par l'administration des provinces et des villes, soit même par les ingénieurs des ponts-et-chaussées, soit que ces constructions fussent relatives aux ports marchands, aux routes ou aux canaux, que les projets n'en eussent été communiqués au secrétaire d'État ayant le département de la guerre.

Étendant d'ailleurs les prohibitions résultant jusqu'alors des ordonnances antérieures, le roi enjoignait aux officiers du corps royal du génie de ne point souffrir qu'il fût fait aucun chemin, maison, levée, ni chaussée, ni creusé aucun fossé, à 500 toises près d'une place de guerre, sans que l'alignement n'en eût été concerté auparavant avec l'officier du corps employé dans la place (art. 27) ; de même que, comme par le passé, il ne devait être bâti aucunes maisons et clôtures de maçonnerie dans les faubourgs et aux avenues des places, plus près de 250 toises de la palissade du chemin couvert, sous peine de la démolition et du rasement des dites maisons ou jardins, sans aucun dédommagement (art. 28).

S'il est vrai que jusqu'à cette époque la législation ne contenait aucune prohibition formelle de lever les plans des places de guerre, l'ordonnance du 31 décembre 1776 y mit désormais un empêchement légal. En effet, il était fait défense à tout officier du corps royal du génie de laisser lever, par qui que ce fût, les plans des places du royaume où ils faisaient leur résidence, ni de laisser prendre des copies de ceux dont ils étaient dépositaires, à moins d'une permission expresse du roi, le tout sous peine d'être cassé et même de plus grande punition, suivant l'exigence du cas (art. 59) ; et tout ingénieur géographe, tout entrepreneur et dessinateur, soit de directeur, soit de commandeur de district ou de tout autre officier du corps, qui communiquerait des plans ou des mémoires concernant les fortifications, sans la permission par écrit de celui qui l'aurait employé, était puni très-sévèrement, même de mort, selon les circonstances (art. 60).

Toutefois, si la prohibition dont je parle n'a fait l'objet d'un texte qu'à dater de cette époque, il faut cependant reconnaître qu'elle existait virtuellement, et par la nature des choses, antérieurement ; car, le premier président du parlement de Bourgogne ne put obtenir, en 1574, une description des fortifications de Dijon, que sur la permission expresse et par écrit du roi Charles IX (1).

Quelle que fût leur raison d'être, les diverses ordonnances que je viens d'analyser étaient tombées en désuétude, et des constructions avaient été élevées sur différents points, sans qu'on tînt compte des dispositions prohibitives ou réglementaires que ces ordonnances contenaient à cet égard. Il fallut donc remédier de nouveau à ce qui constituait de véritables abus. Ce fut le décret de l'assemblée nationale des

(1) M. DUVERNAY sur PROUDHON, *Domaine public*, tom. I, p. 445, note *a*.

8-10 juillet 1791 qui apporta le premier remède à cet état de choses.

Ce décret fit d'abord la division, en trois classes, des places de guerre et postes militaires, suivant leur degré d'importance ; et n'étaient réputés places de guerre et postes militaires que ceux compris dans le tableau qui y était annexé. D'ailleurs, nulle construction nouvelle de places de guerre, de postes militaires, et nulle suppression ou démolition de ceux actuellement existants ne pouvaient être ordonnées que d'après l'avis d'un conseil de guerre, confirmé par un décret du Corps législatif sanctionné par le roi ! Voici quel était ce tableau :

PREMIÈRE CLASSE.

Places. — Calais et dépendances, Gravelines, Dunkerque et dépendances, Bergues et dépendances, Saint-Omer, Lille, Douai et dépendances, Valenciennes, Condé et dépendances, Maubeuge, Philippeville, Charlemont et Les Givets, Mézières, Sédan, Montmédy, Longwy, Thionville, Metz, Sarrelouis, Bitche, Landau et dépendances, Strasbourg, Neuf-Brisach, Huningue, Besançon, Fort-Barreau, Grenoble, Briançon, Mont-Dauphin, Antibes, Toulon et dépendances, les forts de Marseille, Perpignan et dépendances, Port-Vendre et dépendances, Mont-Louis, Saint-Jean-Pied-de-Port, Bayonne et dépendances, Blaye, l'île d'Oleron, La Rochelle et dépendances, l'île de Ré, Belle-Ile et dépendances, Port-Louis et dépendances, Brest et dépendances, Saint-Malo et dépendances, Cherbourg et dépendances, Le Havre, Ajaccio et dépendances, Bastia.

Postes. — Fort-l'Écluse, Pierre-Chatel, Queiras, les forts de Cette, Bellegarde et dépendances, Fort-Médoc, l'île d'Aix et dépendances, la Hougue et dépendances.

DEUXIÈME CLASSE.

Places. — Boulogne et dépendances, Ardres, Aire et dépendances, Béthune, Arras, Bouchain, Cambray, Le Quesnoy, Landrecy-Guise, Avennes, Rocroy, Verdun, Marsal, Weissembourg, Fort-Louis du Rhin, Phalsbourg, Schelestadt, Belfort, Embrun, Entrevaux, Saint-Tropès, Collioure et dépendances, Navarreins, Rochefort, Lorient, Granville et dépendances, Bonifacio et dépendances, Calvi et dépendances, Saint-Florient et dépendances.

Postes. — Citadelle de Montreuil, Saint-Venant, Bavai, Marienbourg, château de Bouillon, Carignan, Stenai, Rodemaken, Sierck, Lauterbourg, La Petite-Pierre, Fort-Mortier, Landskron, château de Blamont, château de Joux, Saint-Vincent et val de Barcelonnette, Colmar et dépendances, les îles Sainte-Marguerite, les îles d'Hyères, citadelle du Saint-Esprit, Aigues-Mortes, le fort Brescou, fort des Bains, Pratz de Mouillon, Villefranche, Andaye, fort de Socoa, Fort-Chapus, Fourras et dépendances, château de Niort, château de Nantes, les îles d'Hédic, d'Ouat, l'île de Grouais, Concarneau, château de Toreau, le fort de Châteauneuf, château de Caen, château de Dieppe et dépendances, batteries et retranchements sur les côtes et les îles qui les avoisinent, Ile-Rousse, tour de Vivario, tour de Borgognano.

TROISIÈME CLASSE.

Places. — Abbeville, Montreuil, Hesdin, Doullens, Bapaume, Amiens, Péronne, Ham, Saint-Quentin, La Fère, Toul, Nancy, Hagueneau, Auxonne, Salins et dépendances, Valence, Seine, Sisteron, Beziers, Narbonne et dépendances, Carcassonne, Carentan, Corté et dépendances.

Postes. — Fort-Mardic, Lichtemberg, Fort-d'Alais, Pécais, citadelle de Montpellier, château de Saluces, château de Lourdes, Dax, Bourges.

Quant à la police des places de guerre et des postes militaires, il était évident qu'elle ne pouvait pas être la même toujours et dans toutes les situations. Aussi, le décret de 1791 disposait-il à cet égard que les places de guerre et les postes militaires seraient considérés sous trois rapports, savoir : dans l'état de paix, dans l'état de guerre et dans l'état de siége.

En état de paix, la police intérieure et tous les autres actes du pouvoir civil n'émanaient que des magistrats et des autres officiers civils, préposés par la Constitution pour veiller au maintien des lois. Il y avait une séparation complète entre les droits de l'autorité civile et ceux de l'autorité militaire, qui ne pouvait s'étendre que sur les troupes et sur certains autres objets déterminés dépendant de leur service.

En état de guerre, les officiers civils ne cessaient pas d'être chargés de l'ordre et de la police intérieure ; mais ils pouvaient être requis par le commandant militaire de se prêter aux mesures d'ordre et de police qui intéresseraient la sûreté de la place : en conséquence, pour assurer la responsabilité respective des officiers civils et des agents militaires, les délibérations des conseils de guerre, en vertu desquelles les réquisitions du commandant militaire auraient été faites, étaient remises et restaient à la municipalité.

En état de siége, toute l'autorité dont les officiers civils étaient revêtus par la Constitution, pour le maintien de l'ordre et de la police intérieure, passait au commandant militaire, qui l'exerçait exclusivement, sous sa responsabilité personnelle.

Il n'y avait là rien qui touchât de près ou de loin aux droits de la propriété privée, et avant d'en restreindre l'étendue, ou de régler les conditions de leur exercice, il fallait que l'on déterminât ce qui ferait partie de la propriété de l'État et qu'on en fixât les limites. C'est ainsi qu'aux termes de l'art. 13 du décret des 8-10 juillet 1791, tous terrains de fortifications des places de guerre ou postes militaires, tels que remparts, parapets, fossés, chemins couverts, esplanades, glacis, ouvrages avancés, terrains vides, canaux, flaques ou étangs dépendant des fortifications, et tous autres objets faisant partie des moyens défensifs des frontières du royaume, tels que lignes, redoutes, batteries, retranchements, digues, écluses, canaux et leurs francs-bords, lorsqu'ils accompagnent les lignes défensives ou qu'ils en tiennent lieu, quelque part qu'ils soient situés, soit sur les frontières de terre, soit sur les côtes et dans les îles qui les avoisinent, étaient déclarés *propriétés nationales*, de même que le terrain compris entre le pied du talus du rempart et une ligne tracée du côté de la place, à quatre toises du pied de ce talus et parallèlement à lui, ainsi que celui renfermé dans la capacité des redans, bastions, vides ou autres ouvrages qui forment l'enceinte, étaient considérés comme terrain militaire national faisant rue le long des courtines et des gorges des bastions ou redans ; et dans les postes militaires, qui n'avaient point de remparts, mais un simple mur de clôture, la ligne destinée à limiter intérieurement le terrain militaire national, devait être tracée à cinq toises du parement intérieur du parapet ou mur de clôture et ferait également rue.

Des faits ainsi posés il résultait, pour l'état de choses alors existant, *d'une part*, que les agents militaires étaient chargés de veiller à ce qu'aucune usurpation n'étendît à l'avenir les propriétés privées au-delà des limites assignées au terrain national; *d'une autre part,* que toutes personnes qui jouissaient actuellement de maisons, bâtiments ou clôtures débordant ces limites, continueraient d'en jouir, sans être inquiétées. Toutefois, dans le cas de démolition de ces maisons, bâtiments ou clôtures, que cette démolition fût volontaire, accidentelle ou nécessitée par le cas de guerre ou par d'autres circonstances, les propriétaires étaient tenus, dans la restauration de leurs maisons, bâtiments et clôtures, de ne point outrepasser les limites fixées ci-dessus. Mais il convient d'ajouter que les propriétaires qui, par l'application de ces mesures, perdaient une partie des terrains qu'ils possédaient, en étaient indemnisés par le trésor public, s'ils fournissaient le titre légitime de leur possession.

Pour l'avenir et par une première disposition générale (art. 29), il ne serait fait aucun chemin, levée ou chaussée, ni creusé aucun fossé dans l'étendue de 500 toises autour des places et 300 toises autour des postes militaires, sans que leur alignement et leur position aient été concertés avec l'autorité militaire.

Quant aux constructions, il y avait lieu de distinguer entre les places de première et de deuxième classe et entre les places de troisième classe et les postes militaires.

Pour l'avenir : 1° il ne devait être bâti ni reconstruit aucune maison ni clôture de maçonnerie autour des places de *première* et de *seconde* classe, même dans leurs avenues et faubourgs, plus près qu'à 250 toises de la crête des parapets des chemins couverts les plus avancés. En cas de contravention, ces ouvrages étaient démolis aux frais des propriétaires contrevenants.

Toutefois, il y avait à cette règle deux exceptions : *la première*, d'après laquelle le ministre de la guerre pouvait permettre la construction de moulins et autres semblables usines, à une distance moindre de 250 toises, à la condition que ces usines ne seraient composées que d'un rez-de-chaussée et à charge par les propriétaires de ne recevoir aucune indemnité pour la démolition en cas de guerre ; *la deuxième*, d'après laquelle il était permis également d'élever des bâtiments et clôtures en bois et en terre, sans y employer ni pierres, ni briques, ni chaux, ni plâtre, autrement qu'en crépinage et seulement à la distance de 100 toises de la crête du parapet du chemin couvert le plus avancé et à la condition de les démolir, sans indemnité, à la réquisition de l'autorité militaire, dans le cas où la place, légalement déclarée en *état de guerre*, serait menacée d'une hostilité.

2° Autour des places de *troisième* classe et des postes militaires *de toutes les classes*, il était permis d'élever des bâtiments et clôtures, de constructions quelconques, au-delà de la distance de 100 toises des parapets des chemins couverts les plus avancés, ou des murs de clôture des postes, lorsqu'il n'y aurait pas de chemins couverts. Mais ces concessions n'étaient accordées encore que sous la réserve expresse que, si ces places et postes étaient déclarés dans *l'état de guerre*, les démolitions, qui seraient jugées nécessaires à la distance même de 250 toises, et au-dessous de la crête des parapets des chemins couverts et des murs de clôture, ne donneraient droit à aucune indemnité pour les propriétaires.

Le décret que nous examinons prévoyait une dernière hypothèse, celle où lors de la construction de leurs maisons, bâtiments et clôtures, les propriétaires étaient éloignés des crêtes des parapets des chemins couverts les plus avancés de la distance prescrite par les ordonnances. Dans ce cas, les démolitions donnaient droit à une indemnité.

Enfin, et par une mesure générale, il était défendu à tout particulier, autre que les agents militaires désignés à cet effet par le ministre de la guerre, d'exécuter aucune opération de topographie sur le terrain, à 500 toises d'une place de guerre, sans le consentement de l'autorité militaire, qui toutefois ne pouvait refuser ce consentement lorsqu'il ne s'agissait que d'opérations relatives à l'arpentage des propriétés.

Les contrevenants à cette défense devaient être arrêtés et jugés conformément aux lois qui seraient décrétées sur cet objet dans le code des délits militaires.

Dès là qu'il y avait des défenses, des prohibitions, en un mot une certaine entrave apportée à la liberté d'agir de chacun, il était logique que les infractions à ces défenses, à ces prohibitions constituassent des contraventions et rendissent les contrevenants passibles d'une répression. Mais il convenait alors que les contraventions fussent constatées d'une façon régulière. C'est dans une loi des 29 mars, 8 avril 1806, que se trouvent les mesures prises à cet égard : en rendant applicables à la conservation des fortifications et de leurs dépendances, et en général de tout ce qui constitue le domaine militaire de l'Etat dans les places de guerre et les garnisons de l'intérieur, les dispositions législatives qui avaient pour but la conservation des domaines nationaux, des eaux et forêts, des édifices et établissements publics, cette loi de 1806 assimila les gardes du génie aux gardes forestiers et champêtres et aux autres agents conservateurs, et disposa que leurs procès-verbaux feraient foi auprès de toutes les autorités jusqu'à inscription de faux.

Ainsi qu'on a pu le remarquer, les lois, les ordonnances et les décrets fixaient donc à 1 kilomètre (500 toises) la distance à laquelle il ne pouvait être fait, autour des places de guerre, ni chemins, ni levées ou chaussées, ni fossés, ni amas de décombres et d'engrais, sans l'intervention de l'autorité militaire. L'empereur Napoléon Ier trouvant qu'il n'importait pas moins qu'il ne fût fait, dans le même rayon, aucun bâtiment et clôture, spécialement autour des places de première ligne et de dépôt et devant les fronts d'attaque des autres places, décréta le 9 décembre 1811, le conseil d'Etat entendu, qu'à l'avenir il ne pourrait être élevé, sous peine de démolition aux frais des contrevenants, aucun bâtiment, clôtures et autres constructions de quelque nature qu'elles pussent être, dans le rayon kilométrique : 1° des places de guerre et postes militaires en première ligne, sur les frontières et les côtes; 2° des places de premier ordre et des places de dépôt des frontières et des côtes, qui renfermeraient un arsenal et autres établissements d'armée, sur quelques lignes qu'elles fussent situées; 3° du front d'attaque et des fronts collatéraux des places et postes situés en deuxième et en troisième lignes.

Autour des autres fronts des places de deuxième et troisième lignes, et de toute autre place plus reculée des anciennes frontières, les dispositions de la loi des 8-10 juillet 1791 continueraient d'être exécutées suivant les modifications suivantes : *en premier ordre*, il ne pouvait être construit aucun bâtiment en bois, dans le rayon de 200 à 500 mètres, sans la permission de l'Empereur, et il ne serait jamais employé dans ces constructions ni terre, ni maçonnerie, ni aucune espèce de matériaux incombustibles ; *en deuxième ordre*, il ne pouvait être construit, entre la place et la ligne tracée, à 200 mètres de la crête des chemins couverts, aucun bâtiment, clôture, ni fait de constructions d'aucune espèce autre que des usines, et seulement avec une permission expresse et après qu'il aurait été constaté dans un procès-verbal dressé contradictoirement entre le commandant du génie, l'ingénieur des ponts et chaussées et le maire, qu'il s'agissait d'un moulin ou d'une autre usine semblable, qu'elle était d'utilité publique et que son emplacement dans le rayon de 200 mètres était nécessairement déterminé par quelque circonstance locale qui ne pouvait se rencontrer au-delà de cette même limite.

Ces mesures, comme on pourrait le penser, n'avaient pas seulement pour objet les constructions à venir ; elles s'appliquaient aussi aux restaurations et aux réparations des bâtiments, clôtures et autres constructions existantes ; et le décret ajoutait que, dans ce cas même et à compter de sa publication, les propriétaires des bâtiments, clôtures et autres constructions restaurées ou réparées, ne pourraient prétendre à aucune indemnité pour démolition en cas de siége. Puis, pour en assurer l'exécution, les généraux commandant les divisions militaires et les départements, et les directeurs des fortifications dans leurs tournées, les commandants d'armes, officiers et employés de l'état-major des places, et les commandants, officiers et gardes du génie étaient chargés de faire de fréquentes visites. En cas de construction dans l'intérieur des bâtiments et enclos, les visites devaient avoir lieu avec le concours des autorités civiles et judiciaires, conformément aux lois et décrets sur les visites domiciliaires. Au fond, comme en la forme, ce décret offrait donc toutes les garanties. Enfin, réunissant dans le même article tous les agents de l'autorité qui devaient concourir à assurer le respect de l'ensemble de ces différentes dispositions, ce décret portait que les préfets, les sous-préfets et les maires, les procureurs généraux et impériaux, les commissaires de police, les officiers et sous-officiers de gendarmerie, et tous autres officiers ou agents de la police civile et judiciaire, rempliraient tant pour son exécution que pour la conservation des fortifications, bâtiments et terrains militaires, toutes les fonctions que les lois et les décrets leur attribuaient, à l'effet de constater, poursuivre et réprimer les délits contre la conservation des monuments publics et autres dépendances du domaine de l'Etat, soit qu'ils eussent lieu d'agir à la réquisition de l'autorité militaire, ou d'office et en se concertant avec elle.

Le 24 décembre de la même année 1811, dans un décret relatif à l'organisation et au service des états-majors des places, l'Empereur, se préoccupant de nouveau de la police des constructions et des autres travaux civils ou particuliers, rappelait qu'il incombait au commandant d'armes de veiller à ce qu'il ne fût fait, sans autorisation, dans le rayon d'attaque de la place, ni fouilles, ni constructions ou reconstructions, ni levées ou dépôts de terre et décombres, quels qu'en fussent l'objet et la nature; et, pour le cas où le ministre de la guerre ordonnerait soit la démolition des constructions, soit le comblement des fouilles ou l'enlèvement des dépôts faits dans le rayon d'attaque, nonobstant la défense et en contravention aux lois, le commandant d'armes également devait prendre, sur-le-champ, les mesures nécessaires pour l'exécution des dits ordres et la protéger par tous les moyens en son pouvoir. Les commandants d'armes étaient encore investis du droit de faire arrêter et conduire devant eux tout individu qui, contrairement à la prohibition de la loi de 1791, exécuterait des opérations de topographie dans le rayon kilométrique, ou qui ferait la reconnaissance de la place, de ses ouvrages extérieurs et de ses approches. Dans l'intérieur de la place, en-deçà de la rue du rempart ou du terrain qu'elle devrait occuper, les constructions, fouilles, dépôts, opérations et autres objets du service public ou particulier, seraient uniquement réglés par les lois et ordonnances de voirie et de police municipale ; seulement l'autorité civile ne pouvait supprimer ou rétrécir les rues qui servaient de communication directe entre la place d'armes, les bâtiments ou établissements militaires et la rue du rempart, qu'après que les projets en avaient été concertés conformément aux règles établies par les décrets du 13 fructidor an XIII (31 août 1805), et des 20 février et 10 juin 1810. La même disposition s'appliquait aux rues, carrefours et places qui environnaient les bâtiments ou établissements militaires, ou qui étaient consacrés, par le temps et l'usage, aux exercices ou aux rassemblements de troupes.

En 1817, sous le règne de Louis XVIII, plusieurs propriétaires de bâtiments, clôtures ou terrains situés entre les deux limites de 1,000 et de 500 mètres, résultant des décrets et ordonnances antérieurs, réclamèrent contre la défense faite de réparer les bâtimens et clôtures existant avant leur publication. Ne semblait-il pas, en effet, qu'il y eût là, vis-à-vis de ces propriétaires, une atteinte portée à des droits acquis ? — D'autres propriétaires demandèrent à bâtir entre ces limites sur les terrains nus qu'ils y possédaient. — Quelques-uns, enfin, allaient jusqu'à demander qu'on rapportât les dispositions restrictives du décret des 8-10 juillet 1791, principalement autour des places maritimes et de quelques places frontières.

Il s'agissait donc de concilier l'intérêt privé et l'intérêt public, de donner une juste satisfaction aux besoins de l'industrie, sans porter atteinte à la défense de l'État. Cela ne pouvait se faire qu'après une étude approfondie. Toutefois, le Roi crut que provisoirement il pouvait, sans trop affaiblir l'action qu'il importait de conserver à la défense des places, permettre la simple réparation des bâtiments et clôtures qui existaient entre la nouvelle et l'ancienne limite. En conséquence, une ordonnance du 24 décembre 1817 autorisa l'entretien et la réparation, dans leur état actuel et sans aucune augmentation quelconque, des bâtiments, clôtures et autres constructions situées autour des places de guerre, au-delà de 500 mètres comptés à partir de la crête de leurs chemins couverts les plus avancés.

Après dix-huit mois d'études, une loi du 17 juillet 1819 posa de nouvelles bases relativement aux servitudes imposées à la propriété pour la défense de l'État.

Et, d'abord, le Roi ordonnait-il soit des constructions nouvelles de places de guerres ou postes militaires, soit la suppression ou la démolition de ceux alors existants, soit des changements dans le classement ou dans l'étendue desdites places ou postes, les effets qui pouvaient résulter de ces mesures dans l'application des servitudes imposées à la propriété privée en faveur de la défense de l'État, par la loi du 10 juillet 1791, ne devaient avoir lieu qu'en vertu d'une ordonnance du Roi publiée dans les communes intéressées, d'après les formes prescrites par la loi du 8 mars 1810, sur les expropriations pour cause d'utilité publique.

La tolérance, admise par la loi du 10 juillet 1791 en faveur des moulins et usines, pouvait, lorsqu'il n'en résultait aucun inconvénient pour la défense, s'étendre à toute espèce de bâtiments ou clôtures situés hors des places ou postes, ou sur l'esplanade des citadelles, sauf à ce qu'une ordonnance royale déterminât la nature des matériaux à employer ou la dimension des constructions.

La distance de 100 toises, fixée par la loi de 1791 dans les circonstances que nous avons rappelées, était portée à 250 mètres, sans néanmoins que la prohibition, qui en résultait, pût s'étendre aux constructions existantes, lesquelles pouvaient être entretenues dans leur état actuel. Pouvaient aussi, entre ladite limite et celle du terrain militaire, être établies librement des clôtures en haies sèches ou en planches à claire-voie, sans pans de bois ni maçonnerie.

Les distances fixées par la loi du 10 juillet 1791 et par la présente loi pour l'exercice des servitudes imposées à la propriété en faveur de la défense, devaient être mesurées, à partir des lignes déterminées par lesdites lois, sur les capitales de l'enceinte et des dehors. Autour des places et des postes, qui n'ont ni chemin couvert, ni mur de clôture, les distances devaient être mesurées à partir de la crête intérieure de leur parapet.

Un plan spécial de la circonscription du terrain militaire, dressé par le gouvernement, était notifié par extrait, par l'intermédiaire des gardes des fortifications dûment assermentés, à chaque partie intéressée, qui avait trois mois, à partir de la date de la notification, pour réclamer contre l'application des limites légales.

Cette loi admettait que des travaux et des constructions pourraient être l'objet d'une tolérance spéciale, sous la réserve toutefois qu'ils ne seraient entrepris qu'après que les particuliers où les communes auraient pris l'engagement de remplir les conditions qui leur seraient prescrites.

Pour la constatation des contraventions, la loi de 1819 maintenait aux gardes des fortifications le droit de verbaliser et renvoyait, pour la répression, à la loi du 19 mai 1802 relative aux contraventions en matière de grande voirie. Puis, dans le cas où, nonobstant la notification des procès-verbaux de contravention, les contrevenants ne rétabliraient pas l'ancien état des lieux dans le délai qui leur serait fixé, l'autorité militaire devait transmettre les procès-verbaux au préfet du département, qui saisissait alors le Conseil de préfecture. Outre la démolition de l'œuvre nouvelle, les contrevenants encouraient, selon les cas, les peines applicables aux contraventions analogues en matière de grande voirie.

J'ai dit que la loi du 17 juillet 1819 avait posé de nouvelles bases, relativement aux servitudes imposées à la propriété, pour la défense de l'État. Une ordonnance du roi, du 1er août 1821, fixa le mode d'exécution de cette loi.

Il importait, en effet, comme le dit le préambule de cette ordonnance, que l'exécution des différentes dispositions relatives aux servitudes militaires fût ramenée à un mode uniforme et qu'il fût donné sur tous les points des bases régulières à l'application de ces mêmes servitudes, par la publication, dans les formes légales, d'un tableau de classement des places et des postes de guerre.

En conséquence, il était indispensable : 1° de rapprocher plusieurs dispositions de la loi du 17 juillet 1819 de celles des lois antérieures, auxquelles il n'avait pas été dérogé, et que son article 16 maintenait en vigueur ; 2° de régler les formes à suivre dans l'action de l'autorité militaire sur la propriété privée, en coordonnant ceux des articles de la loi du 17 juillet 1819 relatifs aux prohibitions, à la répression des contraventions, ainsi qu'à la fixation et au paiement des indemnités résultant de dépossession ou de simple privation de jouissance, avec les lois d'exécution auxquelles lesdits articles se référaient expressément ; 3° de désigner spécialement les localités dans lesquelles il devenait indispensable, pour la sûreté de l'État, que l'usage de la propriété fût légalement soumis, par la publication du tableau de classement, aux restrictions que comporte l'application des servitudes militaires.

Or, l'ordonnance de 1821, traçant autour des places de guerre et des postes militaires des zônes différentes, variant dans leur étendue et dont elle détermine les limites, pose d'abord les prohibitions qui frappent la propriété privée, admettant toutefois des exceptions dont elle règle les conditions ; et, faisant entre les constructions existantes et les constructions à venir une distinction, qui n'est en réalité que le respect de droits acquis, l'ordonnance, en ce qui concerne les constructions existantes, autorise pour les unes un mode de réparation et d'entretien qu'elle interdit pour les autres, selon qu'elles sont situées dans la première ou la seconde zône.

Quant à la répression des contraventions, l'ordonnance de 1821 reconnaît aux gardes du génie dûment assermentés le droit de verbaliser, leurs procès-verbaux faisant foi jusqu'à inscription de faux. Elle détermine d'ailleurs la forme extrinsèque de ces actes, règle la suite qui doit y être donnée et indique la juridiction exceptionnelle qui doit être saisie, en cas de contredit de la part du contrevenant.

Relativement aux indemnités auxquelles les propriétaires peuvent avoir droit, l'ordonnance recherche les circonstances qui peuvent y donner lieu ; elle trace le mode à suivre pour leur règlement et embrasse dans ses prévisions la cession volontaire et la cession forcée.

Dans une disposition générale, l'ordonnance renvoie devant les tribunaux toutes les questions de propriété entre le domaine militaire et les particuliers, et toutes les contestations qui pourraient s'élever sur la preuve légale de la priorité d'existence des constructions situées dans les zônes de prohibition intérieure et extérieure, soit à la création, soit à l'augmentation de la place ou du poste, soit à la promulgation de la loi du 10 juillet 1791.

Enfin, l'ordonnance de 1821 est complétée par le tableau des places, citadelles, forts, châteaux et postes militaires, qui ne comportent désormais que deux séries comprenant, savoir : *la première*, les places de première et de deuxième classe ; *la deuxième*, les places de troisième classe et les postes militaires.

Quoique, dans son ensemble, cette ordonnance parût avoir concilié, *d'une part*, l'intérêt public, en ce qui concerne la défense des places de guerre, *d'autre part*, l'intérêt privé, en ce qui concerne les propriétés qui les avoisinent ; cependant, il y avait quelque chose de mieux encore à faire. Il y avait à classer ces matières spéciales dans un ordre plus méthodique ; et, s'inspirant de la jurisprudence, il y avait plusieurs lacunes à combler. La loi du 10 juillet 1851 et spécialement le décret impérial des 10 août-23 septembre 1853, qui abroge toutes les dispositions qui lui seraient contraires, ont atteint ce résultat, malgré les modifications qui y ont été faites.

Pour ne prendre, quant à présent, que les dispositions générales de cette loi et de ce décret, ayant à voir dans la suite de cette étude les dispositions de détail, je dirai qu'il en résulte (1) que désormais nulle construction de nouvelles places de guerre ou

(1) Loi du 10 juillet 1851.

de nouvelles enceintes fortifiées ne pourra se faire qu'en vertu d'une loi, qui spécifiera, en même temps, la série dans laquelle cette place ou enceinte devra être rangée pour l'application des servitudes défensives, de même que les enceintes, qui seront ajoutées à une enceinte fortifiée, les forts, batteries ou autres ouvrages défensifs d'un caractère permanent, ne pourront être classés ou donner lieu à une extension quelconque des servitudes existantes, qu'en vertu d'une disposition législative.

Le tableau des places de guerre et des postes militaires annexé à l'ordonnance du 1er août 1821, est remplacé par un nouveau classement divisé en deux séries, dont la première correspond, pour l'explication des servitudes défensives à la première et à la deuxième classe spécifiées dans la loi du 10 juillet 1791, mais sans comprendre aucun poste, et la deuxième correspond à la deuxième classe et comprend tous les postes.

Les dispositions de la loi du 17 juillet 1791, relatives au plan de circonscription des zônes de servitudes et à l'état descriptif, sont abrogées.

Quant aux servitudes imposées à la propriété autour des fortifications (1), il y a lieu de distinguer entre les servitudes concernant les constructions existantes et les servitudes relatives aux nouvelles constructions; et, à côté des règles générales qu'il

(1) Décret du 10 août 1853.

pose, le décret de 1853 admet de nombreuses exceptions.

Ce décret s'occupe des registres, plans et états descriptifs concernant les constructions préexistantes. Il règle aussi le bornage des zônes de servitudes et des polygones exceptionnels, en même temps qu'il traite des servitudes relatives au terrain militaire formant la zône des fortifications et du bornage de ce terrain.

Le décret contient encore l'indication des formalités dont l'accomplissement doit précéder l'exécution des travaux suivant les différentes circonstances.

Le décret prévoit enfin les actes de dépossession et de démolition; il indique les cas dans lesquels il peut y avoir lieu à indemnité pour privation de jouissance, et non-seulement il trace la procédure à suivre pour la répression des contraventions, mais encore il fixe les peines encourues par les contrevenants.

Pour achever cet exposé de la législation, je me contenterai d'énoncer que le classement des plans de guerre a subi des modifications aux dates du 22 novembre 1853, 3 avril et 26 juin 1867; 29 janvier, 24 juin, 4 août, 22 septembre 1868.

Le 22 juin 1854, une loi établit des servitudes autour des magasins à poudre de la guerre et de la marine, détermina le mode de constatation des contraventions aux prohibitions nouvelles et investit les gardes d'artillerie, qu'elle assimila aux gardes du génie, du droit de verbaliser.

II. — Classement actuel des Places de guerre et des Postes militaires.

Le classement des places de guerre et autres points fortifiés auxquels il y a lieu de faire l'application des lois sur les servitudes défensives, a successivement été modifié par les lois et décrets dont j'ai parlé dans le paragraphe précédent ; je me contenterai donc de donner le dernier état de classement tel qu'il est réglé par la loi du 10 juillet 1851, en tenant compte des déclassements et suppressions survenus en exécution des décrets des 23 juin, 8 août, 22 novembre 1853 ; — 8 janvier, 24 janvier 1863 ; — 3 avril, 26 juin 1867 ; — 29 janvier, 24 juin, 4 août et 22 septembre 1868.

PREMIÈRE SÉRIE.

Places. — Paris (enceinte et ouvrages détachés). —Péronne.— Soissons.—Arras. — Calais. —Saint-Omer.— Aire et fort Saint-François. —Lille.—Gravelines.—Dunkerque.—Bergues.—Condé.—Valenciennes. — Maubeuge. — Landrecies. — Cambrai. — Douai et fort de Scarpe. — Mézières. — Charlemont, les Givets et mont d'Haurs. — Rocroy. — Sedan. — Montmédy. — Verdun. — Metz et ouvrages détachés (1). — Bitche. — Thionville. — Longwy.

(1) Décret du 24 juin 1868.

— Strasbourg. — Neufbrisach. — Belfort. — Besançon. — Les Rousses. — Langres. — Grenoble. — Fort Barrault. — Briançon. — Tournoux. — Toulon (nouvelle enceinte) (1). — Antibes et fort Carré. — Perpignan. — Bellegarde. — Mont-Louis. — Villefranche. — Bayonne. — La Rochelle. — Saint-Martin. — Le château de l'île d'Oléron. — Bourg, fort la Rade, fort Liédot. — Brest. — Belle-Ile. — Cherbourg. — Calvi. — Forts Saint-Quentin, des Carrières, Saint-Julien, Queulen (2).

DEUXIÈME SÉRIE.

Places.—La Fère.—Bouchain.—Montmédy (Médy-bas).— Marsal-Phalsbourg. — Toul. — Schelestadt. —La Petite-Pierre. — Auxonne. —Langres. — Mont Dauphin. — Colmar. — Entrevaux. — Fort des îles d'Hyères. — Fort Brescou. — Pratz de Mollo et fort Lagarde. — Bayonne. — Rochefort. — Concarneau. — Port-Louis. — Granville. — Bonifacio. — Lyon (3). — Fort Saint-Adresse et fort Tourville (4). — Batterie de Cannes (5). — Nouveau port de Pierre-Levée (6). — Batterie de l'île Tristan (7). — Enceinte

(1) Décret du 8 août 1853.
(2) Décret du 24 juin 1868.
(3) Décret du 23 juin 1853.
(4) Décret du 9 août 1853.
(5) Décret du 8 janvier 1863.
(6) Décret du 28 mars 1863.
(7) Décret du 22 avril 1863.

de Karguentah (1). — Nouvelle enceinte de la Croix-Rousse (2). — Poste-réduit de l'île de Bréhat, dépendance de la place de Saint-Brieuc (3).

TROISIÈME SÉRIE.

Postes.—Batterie de mer, de la Douane et du Tréport.—Citadelle d'Amiens. — Arras (ouvrages détachés).—St-Omer (ouvrages détachés).—Lillé (ouvrage détaché. — Port Philippe. — Dunkerque (ouvrages détachés). — Bergues (ouvrages détachés). — Fort François. — Condé (ouvrages détachés). —Maubeuge (ouvrages détachés). — Mézières (ouvrages détachés). — Rocroy (ouvrages détachés). — Metz (ouvrage détaché). — Belfort (le camp retranché). — Forts de Joux et du Larmont et communication du Chaffaud-Salins). — Fort l'Écluse. — Sisteron. — Toulon (ouvrages détachés). — Fort Sainte-Marguerite. — Citadelle de Saint-Tropez.—Fort Brégançon. — Forts de Marseille.—Fort de Bouc.—Citadelle de Montpellier. —Forts et retranchements de la presqu'île de Cette. —Collioure (ouvrages détachés) (4).—Forts de Port-Vendres.—Fort les Bains.—Tour de la Nouvelle.—Le Portalet. — La Rochelle (ouvrages détachés). — Batterie de Saint-Marc (5).—Forts de l'île de Ré.—Fort

(1) Décret du 3 avril 1867. — Décret du 29 janvier 1868, portant déclassement des lunettes de Karguentah et Saint-André.

(2) Décret du 4 août 1868.

(3) Décret du 22 septembre 1868.

(4) Enceinte de la ville supprimée par décret du 26 juin 1867.

(5) Décret du 24 mai 1865.

Chapus. — Forts des Saumonards et de Boyarville. — Fort Boyard. — Batteries de Coup-de-Pont et de Fougères. — Fort d'Enet. — Forts de la Charente. — Fort Royau. — Citadelle de Blaye. — Pointe de Grave. — Fortin et batterie de l'île Dumet. — Batterie de Minden. — Fort de l'île d'Yeu. — — Château de Noirmoutiers. — Fortin de l'île du Pilier. — Château de Saumur. — Brest (ouvrages détachés). — Forts du Goulet et de la Rade. — Ligne et réduits de la presqu'île de Quélern. — Fort Bertheaume. — Batterie de Saint-Mathieu et les trois redoutes de l'anse des Sablons.—Château du Taureau. — Fort Cigogne. — Fort de l'île d'Houat. — Fort de l'île d'Hœdic. — Fort Penthièvre. — Redoute du Pouldu. — Fort de Loch. — Fort du Talut. — Batterie de Graves. — Batterie de Loqueltas. — Batterie de Quervenel. — Fort Lacroix et batteries de l'île de Croix. — Château et batterie de l'île aux Moines. — Saint-Malo (ouvrages détachés) (1). — Cherbourg (ouvrages détachés). — Mont-Saint-Michel. — Fort de Tatihou. — Fort de Vizzavona. — Calvi (ouvrages détachés). — Tour de Girolata. — Citadelle de Bastia. — Citadelle de Corte. — Ponte-Nuovo. — Château d'Aléria. — Porto-Vecchio.

(1) Sont déclassés par décret du 26 juin 1867 :
Le fort de Harbourg.
Id. du Grand-Bay.
Id. du Petit-Bay.
Id. de la Conchée.
Id. Impérial.

III. — De la zône des Fortifications ou Terrain militaire.

§ 1. — Qu'entend-on par la zone des fortifications ou terrain militaire; quelle en est la délimitation?

La zône des fortifications ou terrain militaire, qu'il ne faut pas confondre avec la zône des servitudes dont nous parlerons dans le numéro suivant, a été réglée d'abord par le décret du 8 juillet 1791.

Aux termes de l'art. 13 de ce décret, tous terrains de fortifications des places de guerre ou postes militaires, tels que remparts, parapets, fossés, chemins couverts, esplanades, glacis, ouvrages avancés, terrains vides, canaux, flaques ou étangs dépendant des fortifications, et tous autres objets faisant partie des moyens défensifs des frontières du royaume, tels que lignes, redoutes, batteries, retranchements, digues, écluses, canaux et leurs francs-bords, lorsqu'ils accompagnent les lignes défensives ou qu'ils en tiennent lieu, quelque part qu'ils soient situés, soit sur les frontières de terre, soit sur les côtes et dans les îles qui les avoisinent, sont déclarés *propriétés nationales*. La zône des fortifications forme donc une partie du domaine public; et, à ce titre, elle est inaliénable et imprescriptible.

L'article 15 du même décret disposait que, dans toutes les places de guerre et postes militaires, le terrain compris entre le pied du talus du rempart et une ligne tracée du côté de la place, à 4 toises du pied dudit talus, et parallèlement à lui, ainsi que celui renfermé dans la capacité des redans, bastions, vides ou autres ouvrages qui forment l'enceinte, était considéré comme terrain militaire national, et faisait rue le long des courtines et des gorges des bastions ou redans. Dans les postes militaires qui n'ont point de remparts, mais un simple mur de clôture, la ligne destinée à limiter intérieurement le terrain militaire national devait être tracée à 5 toises du parement intérieur du parapet ou mur de clôture, et devait faire également rue.

Prévoyant, d'ailleurs, que les dimensions pourraient n'être pas celles indiquées ci-dessus, l'art. 16 porte : « Si, dans quelques places de guerre et postes militaires, l'espace compris entre le pied du talus du rempart ou le parement intérieur du mur de clôture et les maisons ou autres établissements des particuliers, était plus considérable que celui prescrit par l'art. 15, il ne serait rien changé aux dimensions actuelles du terrain national. »

Le 24 décembre 1811, un décret fixa de nouveau les limites intérieures et extérieures du terrain militaire et disposa (art. 54) que dans les places de guerre et dans les faubourgs, postes et camps retranchés qui font partie des fortifications permanentes, le terrain militaire comprendrait : 1° la zône des fortifications entre les limites intérieures de la rue du rempart et les formes extérieures des glacis, conformément aux dispositions du décret du 8 juillet 1791 ; 2° les bâtiments, établissements et terrains militaires désignés dans l'art. 14, titre III, et dans l'art. 1er, titre IV dudit décret. — Dans les citadelles (art. 55), forts et châteaux, et dans les ouvrages extérieurs ou détachés des places de guerre, le terrain militaire comprendrait tout l'espace occupé ou renfermé par les fortifications, jusqu'aux bornes extérieures des glacis, conformément aux articles 20 et 21, titre Ier du même décret.

Quant aux limites du rayon extérieur des places, le rayon d'attaque des places (art. 70) s'étendait sur la zône du terrain extérieur, comprise entre les bornes des glacis et les points où seraient établis, en cas de siége, les dépôts et la queue des tranchées de l'ennemi, à la distance d'un kilomètre (500 toises) de la crête intérieure du parapet des chemins couverts les plus avancés.

D'après un décret du 10 août 1853, sur les servitudes imposées à la propriété autour des fortifications, la zône des fortifications est limitée à *l'intérieur* par la rue militaire ou rue du rempart. Cette zône s'étend jusqu'aux lignes qui terminent les glacis, qui en font ainsi la limite *extérieure*, et elle comprend, s'il y a lieu, les terrains extérieurs annexes de la fortification, tels que les esplanades, avant-fossés et autres, ayant une destination défensive (art. 22).

La rue militaire est établie pour assurer intérieurement une libre communication le long des remparts, parapets ou murs de clôture des ouvrages des fortifications. Les habitants en ont l'usage, en se conformant aux règlements concernant la police et la voirie urbaine.

Les limites de cette rue sont déterminées par l'article 23 ; elle est limitée du côté de l'intérieur, en arrière des courtines, par une ligne tracée parallèlement au pied du talus ou du mur de soutènement du rempart, ou bien du talus de la banquette, s'il n'y a qu'un simple parapet, à la distance de 7 mètres 79 centimètres de ce pied de talus ou de mur ; et, s'il n'existe qu'une clôture ou un parapet sans banquette, par une parallèle au pied intérieur de cette clôture ou de ce parapet, à la distance de 9 mètres 74 centimètres ; en arrière des bastions et des redans, par une ligne distante de 7 mètres 76 cent. de la gorge de l'ouvrage. Sur les points où l'intervalle compris entre les lignes précitées et les propriétés particulières bordant la voie publique aurait une largeur plus grande que celle qui vient d'être indiquée, il ne serait rien changé aux dimensions actuelles de la rue du rempart.

La rue militaire, telle quelle est définie, ne peut être réduite que par un décret rendu sur le rapport du ministre de la guerre. Mais les autorités civiles peuvent lui faire assigner des limites plus étendues, par voie d'alignement, dans l'intérêt de la circulation, en se conformant aux prescriptions de la loi du

16 septembre 1807 et du décret du 24 mars 1852.

Quatre conséquences pratiques découlent de ce qui précède, à savoir :

1° Que la zône des fortifications ou terrain militaire comprend le sol sur lequel reposent les fortifications, ces fortifications elles-mêmes et les terrains annexes indispensables au service de la défense ;

2° Que, le domaine militaire rentrant dans les attributions du ministre de la guerre, c'est au génie et non à l'autorité municipale que, dans les places de guerre, les propriétaires contigus aux terrains faisant partie de ce domaine, doivent s'adresser pour obtenir l'alignement (Cour de cassation, chambre criminelle, 25 juillet 1845, Astre) ;

3° Qu'encore bien qu'une portion du rempart soit susceptible de réduction, un propriétaire ne peut se prévaloir de cette possibilité pour se soustraire aux conséquences d'une contravention aux servitudes pesant sur les propriétés qui bordent la rue militaire, si, dans le plan arrêté pour servir de base à la délimitation du terrain militaire, cette portion du rempart a été maintenue sans extension, ni retranchement (Ordonnance du Conseil d'État, 21 septembre 1827);

4° Que, dans l'intérieur de la place, en deçà de la rue du rempart ou du terrain qu'elle doit occuper, les constructions, fouilles, dépôts, opérations et autres objets du service public ou particulier, sont uniquement réglés par les lois et ordonnances de voirie et de police municipale (Décret du 24 décembre 1811, art. 75).

§§ 2 et 3. — MODE A SUIVRE POUR FIXER LA DÉLIMITATION DE LA ZONE DES FORTIFICATIONS.

Sur ce point, l'article 20 du décret du 8 juillet 1791 porte que les terrains militaires nationaux et extérieurs aux places et postes sont limités par des bornes, toutes les fois qu'ils ne se trouveront pas l'être déjà par des limites naturelles, telles que chemins, rivières ou canaux, etc. Dans le cas où le terrain militaire national ne s'étend pas à la distance de 20 toises de la crête des parapets des chemins couverts, les bornes qui doivent en fixer l'étendue sont portées à cette distance de 20 toises, et les particuliers légitimes possesseurs sont indemnisés, aux frais du trésor public, de la perte du terrain qu'ils peuvent éprouver par cette opération.

Dans les postes ou chemins couverts, les bornes, qui fixent l'étendue du terrain militaire national, sont éloignées du parement extérieur de la clôture de quinze à trente toises, suivant que cela est jugé nécessaire.

Le décret du 8 juillet 1791 était muet en ce qui concerne les citadelles, forts et châteaux, et les ouvrages détachés en avant des places de guerre. Cette lacune a été comblée par la loi du 17 juillet 1819, l'ordonnance du 1er août 1821 et la loi du 10 juillet 1851.

La loi du 17 juillet 1819 admet (article 3) que l'on puisse étendre à toute espèce de bâtiments ou clôtures situées hors des places ou portes, ou sur l'esplanade des citadelles, la tolérance spécifiée par l'article 30 du titre 1er du décret du 8 juillet 1791, en faveur des moulins et mines ; et elle dispose (art. 5) que les ouvrages détachés auront sur leur pourtour, suivant leur degré d'importance et les localités, des rayons égaux, soit aux rayons de l'enceinte des places et des ouvrages qui en dépendent immédiatement, soit à ceux des simples postes militaires. Seront d'ailleurs considérés comme ouvrages détachés les ouvrages de fortifications qui se trouveraient à plus de 250 mètres des chemins couverts de la place à laquelle ils appartiennent ; les digues qui servent à soutenir les inondations d'une place étant également considérées comme ouvrages détachés, lorsqu'elles auront en même temps un but et des formes définitifs.

Quant aux citadelles et aux châteaux (art. 6), ils devront avoir à l'extérieur les mêmes limites de prohibition que celles des places fortes dont les unes et les autres font partie.....

Et aux termes des articles 12 et 13, les distances mentionnées ci-dessus sont comptées à partir de la crête des parapets des chemins couverts les plus avancés, ou des murs de clôture, ou enfin, lorsqu'il n'y a ni chemins couverts ni murs de clôture, à partir de la crête intérieure du parapet des ouvrages. Ces distances sont mesurées sur les capitales de l'enceinte et des dehors. Leurs points extrêmes, pour celle de 250 mètres, comme pour celle de 487 mètres, sont fixés par des bornes qui, réunies de proche en proche par des lignes droites, servent de limites extérieures aux terrains soumis aux prohibitions respectivement déterminées par ces deux distances. La loi recommande que les capitales sur lesquelles seront prises ces mesures soient choisies de manière que les lignes, qui réuniront leurs extrémités, forment des polygones le moins irréguliers possibles, et que nulle part les limites ne se trouvent sensiblement plus rapprochées d'aucun point des chemins couverts, murs de clôture ou parapets, que les distances respectivement fixées par la loi pour les trois limites. Enfin, les points qui déterminent la troisième limite ne sont point marqués par des bornes ; mais ils sont, ainsi que les bornes qui déterminent les deux premières limites, rattachés à des points fixes et rapportés sur un plan spécial de circonscription (art. 14).

La loi du 10 juillet 1851, article 4, étend le classement d'une place de guerre ou d'un poste à tous les ouvrages extérieurs situés à moins de 250 mètres des chemins couverts, ou des dehors, quand il n'y a pas de chemins couverts ; elle classe séparément les ouvrages détachés, c'est-à-dire ceux qui sont situés à plus de 250 mètres, et comprend, sous la dénomination de dehors, tous les ouvrages tels que demi-lunes, contre-gardes, ouvrages à cornes, à couronne, ou tous autres qui sont enveloppés par la même contrescarpe que le corps de place.

Cette plantation de bornes destinées ainsi à limiter le terrain militaire qui appartient à l'État, doit être faite contradictoirement avec les propriétaires des terrains limitrophes. L'opération de ce bornage est exécutée aux frais du Gouvernement et rapportée sur son plan spécial de circonscription. Ce plan est homologué et rendu exécutoire par un décret, et une expédition en est déposée à la sous-préfecture, afin que chacun puisse en prendre connaissance (art. 2 de la loi du 17 juillet 1819). Le décret d'homologation rend exécutoire le plan de circonscription et l'état descriptif; par suite, et sans qu'il soit besoin de faire déclarer l'utilité publique, tous les terrains appartenant à des tiers et compris dans le plan sont réunis au domaine de l'État.

IV. — De la Zône des Servitudes.

§ 1. — QU'ENTEND-ON PAR LA ZÔNE DES SERVITUDES?

La nécessité de pourvoir à la défense de la patrie étant une fois reconnue, l'intérêt public devait l'emporter sur l'intérêt privé. Aussi, l'existence des places de guerre a-t-elle pour première conséquence de restreindre, dans une certaine mesure, les droits de propriété dont elle paralyse le libre exercice, en grevant de servitudes les terrains qui environnent ces places. Le rayon dans lequel ces servitudes existent s'appelle, dans le langage tout spécial à la matière, la zône des servitudes.

§ 2. — DE L'ÉTENDUE ET DE LA DÉLIMITATION DE LA ZÔNE DES SERVITUDES.

La zône des servitudes part de la limite extérieure du terrain militaire.

L'ordonnance de Louis XIV, du 9 décembre 1713, rendue pour assurer la conservation des ouvrages de fortification, défendait à toutes personnes, de quelque qualité et condition qu'elles fussent, de faire construire et édifier aucunes maisons et clôtures de maçonnerie dans les faubourgs et aux avances des places de guerre plus près qu'à 250 toises de la palissade du chemin couvert ; et relativement aux maisons et murs de clôture qui existaient alors dans la même distance de 250 toises, le Roi ordonnait qu'il en serait dressé des plans, afin que Sa Majesté prît, sur la démolition desdites maisons et murs de clôture, le parti qu'elle jugerait le plus convenable à son service et à la sûreté des places. L'ordonnance de 1713 n'établissait donc qu'un seul rayon d'enceinte.

On s'était demandé si cette ordonnance avait force obligatoire. Or, le Conseil d'État décida, le 4 mai 1825, affaire Primez contre ministre de la guerre, et le 15 juin de la même année, affaire Bonnabel contre ministre de la guerre, que cette ordonnance, qui avait été publiée et affichée dans toutes les places et forts du royaume, était devenue obligatoire par l'effet même de sa promulgation. C'était en vain que des propriétaires, qui avaient bâti dans le rayon de 250 toises, fixé par cette ordonnance, avaient invoqué le décret du 8 juillet 1791 et réclamé une indemnité pour cause de démolition ; car les dispositions de ce décret qui se référait d'ailleurs aux anciennes ordonnances en ce qui était relatif à la fixation du rayon dans l'étendue duquel il était défendu de bâtir autour des places de guerre, ne pouvaient être pour eux le fondement d'une réclamation légitime. (Ordonnance du Conseil d'État, 11 février 1824, affaire Bonnabel contre ministre de la guerre.)

Toutefois, il faut reconnaître que le décret du 8 juillet 1791, en modifiant l'ordonnance de 1713, établissait de nouvelles zônes de circonscription. Ainsi, autour des places de première et de seconde classe, il était permis d'élever des bâtiments et clôtures en bois et en terre, sans y employer de pierres ni de briques, même de chaux ni de plâtre, autrement qu'en crépissage, mais seulement à la distance de 100 toises de la crête du parapet du chemin couvert le plus avancé, et avec la condition de les démolir sans indemnité, à la réquisition de l'autorité militaire, dans le cas où la place, légalement déclarée en état de siége, serait menacée d'une hostilité (art. 31). Autour des places de troisième classe et des postes militaires ds toutes les classes, il était permis d'élever des bâtiments et clôtures de construction quelconques, au-delà de la distance de 100 toises des parapets des chemins couverts les plus avancés, ou des murs de clôture des postes, lorsqu'il n'y aura pas de chemins couverts. Il est vrai que le cas arrivant où ces places et postes seraient déclarés en état de guerre, les démolitions qui seraient jugées nécessaires, à la distance de 250 toises, et au-dessous de la crête des parapets des chemins couverts et des murs de clôtures, ne donneraient ouverture à aucune indemnité au profit des propriétaires (art. 32).

La loi du 17 juillet 1819 a maintenu cet état de choses et s'est bornée uniquement à porter à 250 mètres la distance de 100 toises, précédemment fixée.

Puis est venu le décret du 10 août 1853, qui a

créé trois zônes de servitudes et déterminé la limite de chacune d'elles ; l'acticle 5 est ainsi conçu : « Les servitudes défensives autour des places et des postes s'exercent sur les propriétés qui sont comprises dans trois zônes, commençant toutes aux fortifications et s'étendant respectivement aux distances de 250 mètres, 487 mètres et 974 mètres, pour les places, et de 250 mètres, 487 mètres et 584 mètres, pour les postes.

Le décret du 10 août 1853 a dit de plus que les distances mentionnées à l'art. 5 seraient comptées à partir de la crête des parapets des chemins couverts les plus avancés, ou des murs de clôture ou d'escarpe, lorsqu'il n'y a pas de chemin couvert, ou enfin, quand il n'y a ni chemin couvert, ni mur de clôture ou d'escarpe, à partir du mur de la crête intérieure des parapets des ouvrages (art. 17), et l'article 18 ajoute : « Ces distances sont mesurées sur les capitales de l'enceinte, des dehors et des ouvrages extérieurs. Leurs points extrêmes sont fixés par des bornes qui, réunies de proche en proche par des lignes droites, servent de limites extérieures aux zônes de servitudes. Peuvent être considérées comme capitales, suivant les circonstances : 1° les lignes qui divisent en deux parties égales les angles saillants d'un ouvrage ; 2° celles qui réunissent ces angles saillants aux angles correspondants du chemin couvert ; 3° celles qui partagent en deux portions égales les angles de la gorge d'une pièce de fortification ou les angles que cette gorge fait avec les parties latérales de l'ouvrage. Pour les ouvrages curvilignes et autres qui n'ont pas de capitales, les distances peuvent être mesurées sur des perpendiculaires aux escarpes et aux lignes de feu ou de gorge. — Les capitales et les autres lignes indiquées ci-dessus comme pouvant servir à la délimitation, sont choisies de manière que les périmètres des zônes forment des polygones les moins irréguliers possibles, et que nulle part les limites des zônes ne se trouvent plus rapprochées d'un point quelconque des chemins couverts, murs de clôture ou d'escarpes, ou crêtes intérieures de parapet, que ne l'exigent les distances mentionnées à l'art. 5. Ce choix est fixé par le ministre de la guerre.

Les conséquences légales qui découlent de ce qui précède sont faciles à déduire. Et d'abord, nul doute que les zônes de servitudes imposées à la propriété pour la défense de l'État ne résultent soit du tracé des polygones de circonscription, déterminé conformément à la loi du 17 juillet 1819, soit, à défaut dudit tracé, de la simple application des distances fixées par ladite loi, ou par celle du 10 juillet 1791. (Ordonnance du Conseil d'État, 16 décembre 1825, ministre de la guerre contre Fourdin.)

Nul doute qu'après la levée du plan de circonscription et son homologation, toutes les propriétés comprises dans la première zône ne soient soumises aux servitudes défensives, quoiqu'elles puissent être situées à plus de 250 mètres du parapet des ouvrages les plus avancés. (Ordonnance du Conseil d'État, Fourdin, précitée.) — Il a même été décidé que l'exercice des servitudes établies par la loi du 17 juillet 1819 n'est pas subordonné à l'exécution de ce plan, ou à son dépôt et à la notification qui en est faite aux parties intéressées (Conseil d'État, 26 août 1829, ministre de la guerre contre Remy et Dorlet; 24 décembre 1828, villes de Langres et de Chaumont.)—Cela est vrai seulement à l'égard des places de guerre, dont la création ou le classement est antérieur à la loi du 10 juillet 1851 et au décret du 10 août 1853, qui exigent que le plan de circonscription soit joint au décret de classement.

Nul doute aussi, le texte est formel, que le choix des capitales sur lesquelles doivent être mesurées les distances légales n'appartienne au ministre de la guerre, et que le Conseil de préfecture ne commette un excès de pouvoir, quand il modifie le bornage opéré d'après ces bases par l'autorité militaire. (Ord., Conseil d'État, 2 novembre 1832, Gallé-Piérard; 22 mars 1833, Crépin Renard c. ministre de la guerre.)

Nul doute encore qu'aux termes de l'article 6 de la loi du 17 juillet 1819, qui prescrit, sans exception, le bornage des limites des servitudes imposées à la propriété en faveur de la défense, ce bornage ne doive être effectué dès qu'il est réclamé comme mesure d'ordre et d'intérêt commun, sauf le droit du ministre de la guerre de déterminer, dans l'intérêt de la défense, la nature des bornes à planter. (Ord., Conseil d'État, 11 octobre 1833. Ville de Verdun.)

Quant aux détails de l'opération du bornage et aux incidents qui peuvent se produire, ils sont contenus dans les articles 19 et 20 du décret du 10 août 1853, ainsi conçus :

Art. 19. « Le chef du génie et l'ingénieur des ponts et chaussées, en présence du maire ou de son adjoint, fait procéder sur le terrain, aux frais du Gouvernement, contradictoirement avec les propriétaires intéressés dûment appelés par voie d'affiches ou autres moyens de publication en usage, aux bornages des zônes de servitudes et des polygones exceptionnels, conformément au plan arrêté par le ministre de la guerre. Les bornes sont rattachées à des points fixes et rapportées sur un plan dit de délimitation. Ce plan est établi à l'échelle de un cinq millièmes ; mais on peut y annexer, pour les polygones exceptionnels, des plans particuliers à une plus grande échelle ; il ne donne d'ailleurs, ainsi que ces derniers plans, que le tracé des limites et les points de repère. Les maires, sur l'invitation du chef du génie, sont tenus de prêter appui aux opérations de la délimitation et du bornage, et de fournir aux agents de l'autorité militaire les indications et les documents qui sont réclamés. »

Art. 20. « Il est dressé, par le chef du génie

et par l'ingénieur des ponts et chaussées, un procès-verbal de bornage, sur lequel le maire ou son adjoint peut consigner ses observations. Ce procès-verbal, ainsi que le plan de délimitation et ses annexes, sont déposés pendant trois mois à la mairie de la place ou du poste, pour que chacun puisse en prendre connaissance. Avis de ce dépôt est donné aux parties intéressées, par voie d'affiches ou autres moyens de publication en usage..... »

Nul doute encore que le droit qui appartient au maire de faire ses observations sur les opérations du bornage, ne lui appartienne également en ce qui concerne la vérification du plan de circonscription et de l'état descriptif, alors même qu'on a substitué à la limite légale une limite exceptionnelle, pourvu toutefois que le maire exerce ce droit à l'époque de la plantation des bornes, car autrement il ne serait plus recevable à l'exercer. (Ord., Conseil d'État, 11 oct. 1833. Ville de Verdun déjà citée.)

Nous ne dirons plus qu'un mot pour terminer la première partie de notre étude ; c'est que tous les ouvrages extérieurs situés à moins de 250 mètres des chemins couverts, ou des dehors, quand il n'y a pas de chemins couverts, sont des dépendances de la place de guerre ou du poste militaire et qu'ils entraînent l'application des mêmes servitudes que le la place de guerre elle-même. (Art. 4 de la loi du 10 juillet 1851. — Ord., Conseil d'État, 20 juillet 1832, aff. Garanton contre ministre de la guerre.)

DEUXIÈME PARTIE.

DES SERVITUDES MILITAIRES.

CHAPITRE PREMIER.

I. — A partir de quelle époque les propriétés privées sont-elles assujetties à ces servitudes?

Aux termes de l'art. 1er de la loi du 17 juillet 1819, l'application des servitudes imposées à la propriété en faveur de la défense de l'État ne pouvait avoir lieu qu'en vertu d'une ordonnance du roi, publiée dans les communes intéressées et d'après les formes prescrites par la loi du 8 mars 1810.

L'ordonnance du 1er août 1821, qui, comme nous l'avons dit, fixa le mode d'exécution de la loi du 17 juillet 1819, prescrivit, pour assurer la défense de l'État dans le juste degré de ses besoins, et afin de déterminer spécialement les localités dans lesquelles la propriété devait être soumise à l'application des servitudes militaires, que le tableau général de classement, annexé à la présente ordonnance, fût publié et affiché par extraits dans les communes intéressées de chaque département, à la diligence des préfets (art. 76).

D'après la loi du 10 juillet 1851, relative à un nouveau classement des places de guerre, les servitudes défensives devaient avoir leur effet à partir du jour de la promulgation de cette loi (art. 7).

Enfin, il résulte de l'économie des dispositions des art. 3 et 4 du décret du 10 août 1853 que les servitudes sont applicables du jour de la publication du décret du classement; que ce décret de classement doit être accompagné d'un plan indiquant, avec le tracé de la fortification, les limites des terrains qui doivent être soumis aux servitudes; que ces décrets spéciaux sont inscrits au *Bulletin des Lois*, et qu'à la réception de ce bulletin, les préfets les font immédiatement publier dans les communes intéressées.

Mais alors on a dit : Sera-ce du jour de l'insertion du décret au *Bulletin des Lois*, ou seulement du jour de sa publication dans les communes intéressées, que les propriétés privées seront assujetties aux servitudes militaires?

La question s'est plusieurs fois présentée, et le Conseil d'État a décidé que c'est du jour de leur insertion au *Bulletin des Lois* que ces décrets sont exécutoires dans les places qui y sont désignées : « Considérant que l'insertion au *Bulletin des Lois* de l'ordonnance royale du 1er août 1821 et du tableau des places de guerre y annexé, a suffi pour rendre exécutoires, dans les places y désignées, les lois de 1791 et de 1819. » En conséquence, le Conseil d'État, en annulant l'arrêté du Conseil de préfecture du département des Ardennes, en date du 2 octobre 1828, qui n'avait point appliqué les dispositions de la loi du 10 juillet 1791, condamnait le sieur Romain Duval à la démolition des constructions qu'il avait faites à sa maison, située à la gorge du bastion de Turenne, dans la place de Sedan, en deçà des limites assignées à la rue du Rempart. (19 août 1829, — même décision, 24 décembre 1828, villes de Langres et de Chaumont ; — 26 août 1829, ministre de la guerre c. Remy et Dorlet ; — 2 septembre 1829, min. de la guerre c. Mailler et autres habitants de Valence.)

II. — Quelles sont les propriétés grevées des servitudes militaires ?

Les propriétés sur lesquelles s'exercent les servitudes défensives autour des places de guerre et des postes sont celles qui sont comprises dans les trois zônes dont nous avons parlé précédemment. Cet assujettissement atteint même les propriétés qui, comprises dans la première zône, seraient situées à plus de 250 mètres. (Conseil d'État, 16 décembre 1835, min. de la guerre c. Fourdin.)

Les ouvrages extérieurs avancés qui se lient au système de fortification et qui font partie de la place qu'ils défendent, grèvent également des servitudes militaires les terrains qui les environnent ; il suffit, pour qu'il en soit ainsi, que la place ait été classée. (Conseil d'État, 24 nov. 1832.)

Mais il en est autrement des ouvrages de fortification détachés du corps d'une place. Les terrains avoisinants ne sont soumis aux servitudes militaires qu'autant que ces ouvrages ont été portés sur le tableau dressé pour l'application des servitudes imposées à la propriété : il ne suffirait pas que la place elle-même fût comprise dans ce tableau. (Conseil d'État, 27 mai 1839, Minist. de la guerre contre Lahirigoyen.)

La loi du 8 juillet 1791 admettait (art. 17) un palliatif à la rigueur du droit ; en effet, tout en recommandant aux agents militaires de veiller à ce qu'aucune usurpation n'étende à l'avenir les propriétés particulières au-delà des limites assignées au terrain national, elle maintenait au profit de toutes personnes qui jouissaient alors de maisons, bâtiments ou clôtures qui débordaient ces limites, la faculté de continuer d'en jouir sans être inquiétées ; à la condition toutefois que, dans le cas de démolition des dites maisons, bâtiments ou clôtures, que cette démolition fût volontaire, accidentelle, ou nécessitée par le cas de guerre et autres circonstances, les particuliers seraient tenus, dans la restauration de leurs maisons, bâtiments et clôtures, de ne point outrepasser les limites fixées au terrain national.

III. — Du droit de réclamation accordé aux propriétaires intéressés.

§ 1. — Dans quel délai et pour quelles causes ce droit doit-il être exercé ?

La loi de 1819 en prescrivant, *d'une part*, que les procès-verbaux de bornage seraient dressés en présence des maires ou adjoints des communes intéressées, et, *d'autre part*, que le plan de circonscription et l'état descriptif des bâtiments, clôtures et autres constructions tombant sous l'application des servitudes militaires seraient notifiés à chaque partie intéressée, ouvrait au profit de chaque propriétaire un droit de réclamation que l'article 9 consacrait expressément. C'était dans les trois mois de cette notification que les propriétaires intéressés pouvaient réclamer contre l'application des limites légales.

Le décret du 10 août 1853, en supprimant la formalité de cette notification, a ordonné, comme nous l'avons déjà dit, que le procès-verbal de bornage, ainsi que le plan de délimitation et ses annexes, seront déposés pendant trois mois à la mairie de la place ou du poste, pour que chacun puisse en prendre connaissance ; qu'avis de ce dépôt soit donné aux parties intéressées, par voie d'affiches ou autres moyens de publication en usage. Le décret de 1853, en maintenant d'ailleurs le délai de trois mois pendant lequel les parties intéressées ont le droit de se pourvoir, fait partir ce délai de la date même de l'avis qui leur a été donné (art. 20).

Le droit des parties de se pourvoir contre l'opération matérielle du bornage n'existe qu'en ce qui concerne l'application des limites légales et non le plan de circonscription. Mais nous devons ajouter que les parties seraient également recevables à critiquer ce procès-verbal si le pourvoi était taxé sur l'omission d'une des formalités prescrites par l'article 20 précité (1).

§ 2. — Devant quelle juridiction et dans quelle forme les parties doivent-elles se pourvoir ?

C'est devant le Conseil de préfecture que les réclamations doivent être portées sous forme de requête adressée au Préfet, président du Conseil de préfecture et non pas au Préfet seulement. Cette requête doit être écrite sur papier timbré ; elle doit être datée. La date est surtout importante, puisque le réclamant est tenu d'agir dans un délai préfixe. Il importe enfin que la requête indique les moyens sur lesquels le réclamant se fonde.

Le Conseil statue comme en matière de grande voirie, sauf recours au Conseil d'État, après avoir fait faire, au besoin sur les lieux, les vérifications

(1) Voir 3e partie, décret du 10 août 1853 (art. 30-31-32-33-34).

nécessaires par les ingénieurs civils et militaires. Les réclamants ont le droit d'être présents à ces vérifications et ils doivent y être appelés. Ils peuvent se faire assister par un arpenteur, et leurs observations sont consignées au procès-verbal qui constate l'opération (art. 20).

Dès qu'il a été définitivement statué sur les réclamations des parties intéressées, le plan de délimitation, ses annexes et le procès-verbal de bornage sont adressés par le directeur des fortifications au ministre de la guerre, qui les fait homologuer et rendre exécutoires par un décret : aucun changement ne peut être ensuite apporté à ces pièces qu'en se conformant de nouveau à toutes les formalités requises par la loi.

Il convient de faire observer ici que le droit de se pourvoir devant le Conseil de préfecture, consacré par les articles 9 de la loi du 17 juillet 1819, 22 de l'ordonnance du 1er août 1821 et 20 du décret du 10 août 1853, n'est point le seul qui soit accordé aux parties lésées. En effet, il ne peut être douteux que, si les plans descriptifs soulevaient quelques questions de propriété, ces questions ne dussent être décidées par les tribunaux civils ordinaires. L'article 73 de l'ordonnance du 1er août 1821 est d'ailleurs ainsi conçu : « Toutes les questions de propriété entre le domaine militaire et les particuliers, et toutes contestations qui pourraient s'élever sur la preuve légale de la priorité d'existence des constructions situées dans les zônes de prohibition intérieure et extérieure, soit à la création, soit à l'augmentation de la place ou du poste, soit à la promulgation de la loi du 10 juillet 1791, doivent être portées devant les tribunaux. »

Ainsi lorsque le propriétaire, auquel la preuve de l'antériorité d'existence de la construction incombe toujours, produit des titres de propriété ou d'autres documents propres à établir que sa maison existait avant l'établissement de la place, l'appréciation de ces titres appartient et doit être renvoyée aux Tribunaux civils et non au Conseil de préfecture. (Conseil d'État, 14 décembre 1832, Minist. de la guerre contre Lévesque.) Cependant s'il y avait doute sur l'époque de l'établissement de la place même, ce serait aux Tribunaux administratifs seuls qu'appartiendrait le droit de fixer cette époque.

Ainsi encore dans le cas où l'État revendique des objets comme des fortifications et des moyens défensifs du royaume, et s'il les revendique contre des particuliers qui les possèdent et dont ils soutiennent être les propriétaires, c'est (comme en toute autre question de propriété) aux Tribunaux qu'il appartient de statuer sur la propriété des objets contentieux. (Cour de cassation, 30 juillet 1839, préfet de la Drôme contre Paulin, Deveaux, etc.)

IV. — En quoi consistent les servitudes militaires ? Distinction.

Le décret de 1853 fait tout d'abord, et c'était justice, une distinction entre les constructions existant dans les zônes de prohibition avant l'établissement des servitudes militaires et les constructions élevées postérieurement à l'établissement de ces servitudes.

Nous nous occuperons en premier ordre des constructions existant dans les zônes de prohibition avant l'établissement des servitudes militaires.

§ 1. — Servitudes relatives aux constructions existantes.

Le décret n'ordonne point la suppression immédiate de ces constructions ; mais, comme il importait de concilier le respect des droits antérieurs de la propriété privée avec la nécessité de dégager les abords des places de guerre, le maintien de ces constructions est réglé par des dispositions particulières.

Et, d'abord, l'article 10 du décret de 1853 assimile les reconstructions totales des maisons, clôtures et autres bâtisses existantes aux constructions neuves et les soumet aux mêmes prohibitions, quelle qu'ait pu ou que puisse être la cause de la destruction. De plus, les restaurations de bâtiments, clôtures et autres ouvrages tombant par vétusté, ou pour une cause quelconque, constituent, aux termes du même article, des reconstructions totales, lors même que l'on voudrait, dans ces restaurations, conserver quelques parties des anciennes constructions.

Encore bien que le maintien des constructions existant avant l'établissement des servitudes militaires fût, vis-à-vis du propriétaire, un acte de tolérance plutôt que la collation d'un droit, il était équitable que ces constructions pussent être entretenues. Aussi le décret de 1853 a-t-il réglé les conditions dans lesquelles cet entretien peut avoir lieu.

A cet égard le décret fait encore une distinction entre les bâtisses en bois ou en bois et terre et les bâtisses en maçonnerie.

1° Les bâtisses en bois ou en bois et terre existant dans la limite de 487 mètres, ne peuvent être entretenues dans leur état actuel qu'autant qu'il n'est apporté aucun changement dans leurs formes et leurs dimensions, et que sous les restrictions expresses : 1° que les matériaux de réparation et de reconstruction partielle, sont de même nature que ceux précédemment mis en œuvre; 2° que la masse des constructions existantes n'est point accrue (art. 11).

2° En ce qui concerne les bâtisses en maçonnerie, ce décret applique la disposition qui précède, pour les places de la deuxième série et les postes militaires, aux constructions de cette espèce situées au delà de la première zône, jusqu'à la limite de 487 mètres.— Les bâtisses en maçonnerie situées dans la zône de 250 mètres des places et des postes, ou dans celle de 487 mètres des places de la première série, ne peuvent être entretenues librement, dans leur état actuel, qu'à la charge expresse de les soumettre aux restrictions mentionnées à l'article 11, et de ne faire en outre aucun des travaux de la nature de ceux qui sont légalement prohibés en matière de voirie, c'est à-dire de reprises en sous-œuvre, de grosses réparations et autres travaux confortatifs, soit à leurs fondations ou à leur rez-de-chaussée, s'il s'agit de bâtiments d'habitation ; soit, pour les simples clôtures, jusqu'à moitié de leur hauteur mesurée sur leur parement extérieur ; soit, pour toutes les autres constructions, jusqu'à trois mètres au-dessus du sol extérieur. Ces derniers travaux ne peuvent être exécutés qu'autant que le propriétaire fournit la preuve que la bâtisse existait, dans sa nature et ses dimensions actuelles, antérieurement à l'époque de l'établissement des servitudes dont elle est grevée, ou justifie qu'elle a déjà fait l'objet d'un engagement de démolition, sans indemnité, à la première réquisition de l'autorité militaire, dans le cas où la place, déclarée en état de guerre, serait menacée d'hostilité, ou enfin, à défaut de l'une ou de l'autre de ces justifications, souscrit préalablement l'engagement dont il s'agit (art. 12).

Si le décret de 1853 a abrogé toutes les dispositions antérieures qui lui étaient contraires, et notamment l'ordonnance du 1er août 1821, cependant la première partie de l'article 10 de ce décret rappelle presque dans sa lettre le deuxième alinéa de l'article 1er de cette ordonnance; aussi, nous semble-t-il qu'il y a un certain intérêt à rapporter ici quelques décisions qui trouveraient encore leur application dans des cas analogues.

Ainsi, il a été décidé que lorsque les travaux constituent non pas une simple réparation, mais une consolidation de la propriété, la démolition doit en être ordonnée et le propriétaire condamné à remettre les lieux dans leur premier état. (Conseil d'Etat, 30 novembre 1832, ministre de la guerre contre Gibon.)

Que les lois n'ont point distingué la démolition volontaire de celle qui est opérée par une autre cause et qu'elles n'ont point eu égard au rapport que la nouvelle construction peut avoir avec l'ancienne en dimension et en solidité. (Conseil d'Etat, 4 juillet 1837, Lebrun contre le ministre de la guerre.)

Que le propriétaire d'une masure, qui la couvre en ardoises, alors qu'il n'était autorisé qu'à la couvrir en planches, commet une contravention aux conséquences de laquelle il ne peut échapper ; l'autorité administrative n'étant pas appelée à juger jusqu'à quel point une construction faite dans le rayon militaire peut être nuisible à la défense de la place. (Conseil d'Etat, 7 décembre 1825, Pichard contre le ministre de la guerre.)

Que la contravention à la loi ne saurait être excusée, soit parce qu'une construction en bois en remplacerait une plus considérable en maçonnerie, soit parce qu'entre la nouvelle maison et la place il existerait des édifices plus nuisibles aux vues de la place, soit enfin parce l'Etat n'aurait aucun intérêt à demander la démolition immédiate de cette construction. (Conseil d'Etat 16 août 1832, ministre de la guerre contre Lebrun.)

Que le propriétaire qui, sans autorisation, a établi une couverture en planches supportée par des poutres et des chevrons sur vieille maçonnerie et maçonnerie assez nouvellement construite dans le rayon militaire d'une place, commet une contravention et doit être condamné à démolir les nouvelles constructions et à remettre les lieux dans leur premier état. (Conseil d'Etat, 13 juin 1830, ministre de la guerre contre Penna.)

Que les travaux d'exhaussement, sans autorisation, des murs d'une maison située dans la première zône des servitudes militaires, ne sauraient être considérés comme de simples réparations et constituent dès lors une contravention. (Conseil d'État, 16 août 1832, min. de la guerre contre Sabine; ministre de la guerre contre Dubouet; le même contre Penna.)

Que la loi, en interdisant l'exhaussement des constructions existantes, n'a fait aucune distinction relativement aux dimensions des exhaussements exécutés. Dans l'espèce, le propriétaire prétendait qu'il avait seulement exhaussé de quelques pieds le toit de sa maison, et que la législation spéciale n'interdisait que la construction d'un étage. (Conseil d'Etat, 4 juillet 1837, Sabine contre le ministre de la guerre.)

Que la défense de changer les dimensions des constructions existantes, ne s'entend pas seulement des dimensions de surface, mais encore de l'augmentation dans la hauteur de ces constructions. (Conseil d'Etat, 24 décembre 1844, ministre de la guerre contre Mayer Lippmann.)

§ 2. — SERVITUDES RELATIVES AUX NOUVELLES CONSTRUCTIONS.

L'ordonnance de 1713 interdisait, on se le rappelle, la construction et l'édification d'aucunes maisons et clôtures de *maçonnerie* dans les faubourgs et avenues des places plus près de 250 toises de la palissade du chemin couvert. L'interdiction n'allait point au delà de ce mode de construction.

Le décret du 8 juillet 1791 faisait la même défense autour des places de première et de seconde classe. Mais il était permis d'élever des bâtiments et clôtures en bois et en terre, sans y employer de pierres ni de briques, même de chaux ni de plâtre, autrement qu'en crépissage ; mais seulement à la distance de 100 toises de la crête du parapet du chemin couvert le plus avancé, et avec la condition de les démolir, sans indemnité, à la réquisition de l'autorité militaire, dans le cas où la place, légalement déclarée en état de guerre, serait menacée d'une hostilité.

Autour des places de troisième classe et de postes militaires de toutes les classes, il était permis d'élever des bâtiments et clôtures de construction quelconque, au-delà de la distance de 100 toises des parapets des chemins couverts les plus avancés, ou des murs de clôture des postes, lorsqu'il n'y aura pas de chemins couverts. Le cas arrivant où ces places et postes seraient déclarés dans l'état de guerre, les démolitions qui seraient jugées nécessaires, à la distance de 250 toises, et au-dessous de la crête des parapets des chemins couverts et des murs de clôture, n'entraînaient aucune indemnité pour les propriétaires.

La loi de 1819 a rendu plus étroites les obligations des propriétaires.

Le décret du 10 août 1853 a distingué les zônes entre elles et précisé, selon les unes et les autres, ce qui était permis, ce qui était défendu.

I.—Dans la première zône de servitudes autour des places et des postes classés, il ne peut être fait aucune construction, de quelque nature qu'elle puisse être, à l'exception, toutefois, de liteaux ou haies sèches ou en planches à claire-voie, sans pans de bois ni maçonnerie, lesquelles peuvent être établies librement. Les haies vives et les plantations d'arbres ou d'arbustes formant haie sont spécialement interdites dans cette zône. (Art. 7.)

Et, par application de la loi de 1819, il a été jugé que lorsqu'il est établi par des procès-verbaux que des propriétaires ont élevé des constructions dans le rayon prohibé de la première zône, il y a lieu de les condamner à l'amende et à la démolition de leurs constructions. (Conseil d'État, 6 mai 1829, ministre de la guerre c. habitants de Valence ; — 9 juin 1830, le même c. Doré et autres.)

Que le propriétaire qui bâtit en maçonnerie, à moins de 250 mètres de la crête des parapets des chemins couverts, autour des places de première classe doit être condamné à démolir. Dans l'espèce, il résultait d'un procès-verbal que le sieur Vidal avait fait construire un hangar en maçonnerie, recouvert en tuiles, à la distance de 172 mètres du fort Saint-Nicolas, à Marseille. Or, ce fort était classé, par le décret de 1791, au nombre des places de guerre de première classe. Le sieur Vidal avait donc évidemment contrevenu à l'article 30 de ce décret. Cependant le Conseil de préfecture avait renvoyé des poursuites le sieur Vidal, par le motif qu'il avait été autorisé, par un arrêt du Conseil du 29 décembre 1790, à construire des cabanes de pêcheur. Mais le ministre de la guerre soutint, devant le Conseil d'État, que l'arrêt de 1790 avait autorisé à construire dans un lieu qui n'était pas celui où les constructions étaient élevées, et que d'ailleurs il fallait toujours, même d'après cet arrêté, l'autorisation du ministre de la guerre. Le Conseil d'État décida que, quelle que fût l'interprétation dont l'arrêt du Conseil, du 29 décembre 1790, invoqué par le sieur Vidal, serait susceptible, les dispositions de cet arrêt ne sauraient prévaloir contre les dispositions générales et absolues du décret précité. (Conseil d'État, 13 novembre 1835, min. de la guerre c. Vidal.)

Que les prohibitions prononcées par le décret du 8 juillet 1791 et la loi du 17 juillet 1819 constituent des servitudes d'utilité publique, et qu'aucun contrat privé ne peut déroger aux obligations qui résultent de ces dispositions législatives. (Conseil d'État, 7 décembre 1832, min. de la guerre c. Lecoq ; — même décision, 21 septembre 1827, Coffre et Garin.)

Que l'application de ces dispositions législatives est également indépendante de toute question de propriété de la part de l'État. Dans l'espèce, il avait été constaté par le génie militaire que la construction dont l'existence était révélée par le procès-verbal, avait été élevée à une distance moindre de 250 mètres, par la ville de Carignan, comprise dans le tableau des places et postes militaires, et que dès lors elle constituait une contravention que le Conseil de préfecture des Ardennes aurait dû réprimer. (Conseil d'État, 6 août 1840, min. de la guerre c. ville de Carignan.)

Lorsqu'une commune a fait faire des plantations d'arbres sur les francs-bords d'une rigole établie pour l'écoulement des eaux d'une place de guerre, elle ne peut être excusée par le motif que la commune serait propriétaire des terrains où les plantations ont été faites. (Conseil d'État, 10 janvier 1861, commune de Widensohlen.)

Jugé de même que la contravention résultant de la généralité de ces expressions de l'article 7, aucune construction, de *quelque nature qu'elle puisse être*, il résulte :

Qu'il y a contravention dans le fait d'élever un appentis couvert en ardoises et sur piliers en bois garnis en planches. (Conseil d'Etat, 8 juin 1832, Ministère de la guerre contre Hennequin.)

Qu'un hangar construit en planches, sans maçonnerie, ne peut être compris dans la disposition exceptionnelle admise par la loi en faveur des clôtures en haies sèches ou en planches à claire-voie. (Conseil d'Etat, 8 avril 1829, Fournier.)

Et cela alors même que ce hangar consisterait seulement en quelques planches superposées, non clouées, soutenues par des soliveaux appuyés contre un mur de clôture préexistant, et que le tout pouvait être enlevé à la main en quelques instants. (Conseil d'Etat, 27 octobre 1837, Mallot.)

Que le propriétaire qui a, sans autorisation, ajouté à des hangars établis dans sa cour, avec permission de l'autorité militaire, des tringles en bois posées sur les claires-voies, et fait construire deux corps de cheminées en maçonnerie de briques adossées à sa maison et communiquant avec lesdits hangars, commet une contravention. (Conseil d'Etat, 29 juin 1844, Orange.)

Que l'on doit considérer comme étant une construction une clôture en moellons, sans liaison et sans mortier; qu'en conséquence, l'arrêté du Conseil de préfecture, qui dispense cette espèce de clôture de la démolition, doit être annulé. (Conseil d'Etat, 31 décembre 1838, Ministère de la guerre contre Labbé.)

Qu'il en doit être de même d'un barrage établi sur un cours d'eau. Dans l'espèce, il résultait d'un procès-verbal, et il n'était pas d'ailleurs contesté, que le sieur Roubo avait construit, sans autorisation, à une distance moindre de 250 mètres de la place de la Fère, un barrage dans le bras de la rivière de l'Oise, dit de l'Ouest, et, dès lors, c'était avec raison que le Conseil de préfecture de l'Aisne en avait ordonné la démolition. (Conseil d'Etat, 5 février 1841, Roubo.)

Que le propriétaire qui fait établir au-dessus d'un atelier qu'il possède dans la zône unique des servitudes de l'enceinte fortifiée de Paris, et qui existait avant la construction de cette enceinte, un plancher de 29 mètres de longueur sur 6 mètres 50 centimètres de largeur, et formé de solives de 16 centimètres de hauteur sur 54 millimètres d'épaisseur et d'un plafond en plâtre, contrevient à l'article 7 du décret du 10 août 1853; ces travaux ne pouvant être considérés comme rentrant dans les exceptions prévues par les paragraphes 4 et 5 de l'article 13 de ce décret. (Conseil d'Etat, 30 janvier 1863, Durand.)

Il a été décidé également que l'interdiction de planter des haies vives s'étend à l'établissement d'une gloriette (espèce de pavillon) en gaules garnie de bois vivaces semblables aux haies. (Conseil d'Etat, 3 mai 1837, Ministère de la guerre contre Cuvellier.)

II. — Au delà de la première zône jusqu'à la limite de la deuxième, il est également interdit, autour des places de la première série, d'exécuter aucune construction quelconque en maçonnerie ou en pisé ; mais il est permis d'élever des constructions en bois et en terre, sans y employer de pierres ni de briques, même de chaux ni de plâtre, autrement qu'en crépissage, et à la charge de les démolir immédiatement et d'enlever les décombres et matériaux, sans indemnité, à la première réquisition de l'autorité militaire, dans le cas où la place déclarée en état de guerre serait menacée d'hostilités. Dans la même étendue, c'est-à-dire entre les limites de la première et de la deuxième zône, il est permis, tout autour des places de la deuxième série et des postes militaires, d'élever des constructions quelconques ; mais, le cas arrivant où ces places et postes sont déclarés en état de guerre, les démolitions qui sont jugées nécessaires n'entrainent aucune indemnité pour les propriétaires. (Art. 8.)

Il a été jugé que la prohibition résultant de cet article s'étend à un mur de refend en maçonnerie de briques construit dans une maison située dans la deuxième zône des servitudes. (Conseil d'Etat, 27 novembre 1835, Defontaine contre Ministre de la guerre.)

Il a été jugé également que le propriétaire qui a donné à une construction autorisée une hauteur plus grande que celle fixée par l'arrêté d'autorisation, doit être condamné à la démolition de l'excédant, et qu'il n'y a lieu d'ordonner la démolition de la totalité de la construction qu'autant que ces travaux seraient de nature à modifier le caractère de la construction telle qu'elle avait été autorisée. (Conseil d'Etat, 6 mai 1853, dame Guesmaennel.)

III. — *Dans la troisième zône* de servitudes des places et des postes, il ne peut être fait aucun chemin, aucune levée ni chaussée, aucun exhaussement de terrain, aucune fouille ou excavation, aucune exploitation de carrière, aucune construction au-dessous du niveau du sol, avec ou sans maçonnerie, enfin aucun dépôt de matériaux ou autres objets, sans que leur alignement et leur position n'aient été concertés avec les officiers du génie, et que, d'après ce concert, le Ministre de la guerre n'ait déterminé ou fait déterminer par un décret les conditions auxquelles les travaux doivent être assujettis dans chaque cas particulier, afin de concilier les intérêts de la défense avec ceux de l'industrie, de l'agriculture et du commerce. Dans la même étendue, les décombres provenant des bâtisses et autres travaux quelconques ne peuvent être déposés que dans les lieux indiqués par les officiers du génie ; sont exemptés toutefois de cette disposition ceux des détriments destinés à servir d'engrais aux terres, et pour les dépôts desquels les particuliers n'éprouvent aucune gêne, pourvu qu'ils évitent de les entasser. Enfin, dans la même zône, il est défendu d'exécuter aucune opération de topographie sans le consentement de l'autorité militaire. Ce consentement ne peut être refusé lorsqu'il ne s'agit que d'opérations relatives à l'arpentage des propriétés. (Art. 9.)

Deux observations de principe doivent être faites ici : *la première*, c'est que ce n'est pas seulement dans la troisième zône que les dépôts de matériaux sont prohibés, comme la rédaction de l'article 9 pourrait le faire croire, cette prohibition s'étend aux trois zônes des places de guerre, et, à plus forte raison, au terrain militaire.

La deuxième, c'est que les dépôts ont été prohibés d'une manière générale, soit qu'ils dussent être composés de bois de charpente, de pierre à bâtir, de houille, de pavés, etc., puisqu'il n'y a de permis que les dépôts de décombres, indépendamment des dépôts de matières propres aux engrais.

En conséquence, il a été décidé qu'un dépôt de pavés fait, dans l'espèce, par la ville de Sédan elle-même, constituait une contravention. En effet, ce dépôt de pavés, loin d'être plus favorable qu'un dépôt de décombres, comme l'avait pensé à tort le Conseil de préfecture des Ardennes, ne pouvait, au contraire, être autorisé, tandis qu'un dépôt de décombres peut être permis moyennant certaines conditions. (Conseil d'Etat, 10 juillet 1833, Ministre de la guerre contre ville de Sédan. — 25 août 1835, Mongrand.)

Que le dépôt même momentané de bois de menuiserie sur le terrain militaire intérieur et extérieur, dans l'espèce du poste de Carignan, est un dépôt de la nature de ceux qui sont prohibés. (Conseil d'Etat, 13 novembre 1835, Fisson.)

Qu'il en est de même de dépôts de charbon et de cendre fossile. (Conseil d'Etat, 28 juillet 1824, Leleu.)

L'on doit encore assimiler à un dépôt le fait du propriétaire qui a remblayé, au moyen de terres ou décombres, sans autorisation des officiers du génie, une crique située le long de sa propriété et comprise dans les limites prohibées de la place du Havre, encore bien que ces remblais aient eu lieu pour combler des criques dont la suppression avait été prescrite par les autorités locales dans un intérêt de salubrité publique. (Conseil d'Etat, 6 avril 1836, Bachelet.)

Il en doit être de même de celui qui a fait élever, sans autorisation, sur le terrain qu'il tient à loyer, dans le rayon prohibé, une rampe en remblai, à l'effet d'accéder à la route qui confine ledit terrain. (Conseil d'Etat, 6 avril 1836, Frappart.)

Il n'est pas moins interdit au propriétaire de faire sur son terrain, sans autorisation, dans le rayon prohibé, des excavations. (Cons. d'État, 20 décembre 1836, Nel.)

§ 3. — EXCEPTIONS ADMISES PAR LA LOI EN FAVEUR DE CERTAINES CONSTRUCTIONS, — FORMALITÉS A REMPLIR.

I. — Le décret du 8 juillet 1791 admettait déjà un tempérament au principe rigoureux de la prohibition de bâtir, en donnant au ministre de la guerre le pouvoir de permettre la construction de moulins et autres semblables usines à une distance moindre de 250 toises de la crête des parapets des chemins couverts les plus avancés autour des places de première et de seconde classe, à la condition que lesdites usines ne seraient composées que d'un rez-de-chaussée et à charge par les propriétaires de ne recevoir aucune indemnité pour démolition en cas de guerre (art. 30 *in fine*).

Le décret du 9 décembre 1811, tout en maintenant cette faculté, avait cependant modifié les conditions de l'autorisation préalable. En effet, aux termes de l'article 2, deuxième alinéa, l'Empereur seul pouvait accorder la permission, et encore fallait-il qu'il fût constaté dans un procès-verbal tenu entre le commandant du génie, l'ingénieur des ponts et chaussées et le maire, qu'il s'agissait d'un moulin ou autre semblable usine, qu'elle était d'utilité publique, et que son emplacement dans le rayon de 200 mètres était nécessairement déterminé par quelque circonstance locale qui ne pouvait se rencontrer au-delà de cette même limite.

La loi du 17 juillet 1819 étendit la tolérance spécifiée dans l'article 30 du décret du 10 juillet 1791, à toute espèce de bâtiments ou clôtures situés hors des places ou postes, ou sur l'esplanade des citadelles, lorsqu'il n'en devait résulter aucun inconvénient pour la défense ; le tout sous la condition qui serait déterminée par le Roi, relativement à la nature des matériaux ou à la dimension des constructions (art. 3).

Le décret du 10 août 1853 donne, dans une série d'articles que nous nous garderons bien d'analyser et dont nous préférons reproduire ici le texte entier, les exceptions admises au principe de la prohibition.

Art. 13. « Peuvent être exécutés dans les zônes de servitudes, 1° au-delà de la première zône des places et des postes, les socles en maçonnerie ou en pierre, isolés ou servant de base à d'autres constructions, et ne dépassant pas 50 centimètres en hauteur et en épaisseur ; 2° les fours de boulangerie et les fourneaux ordinaires de petites dimensions nécessaires dans les bâtiments d'habitation ; 3° les cheminées ordinaires en briques ou en moellons dans les pignons et les refends des mêmes bâtiments construits en bois ou en terre et bois, pourvu que la largeur de la maçonnerie n'excède pas 1 mètre 50 centimètres pour chaque pignon et chaque refend, et qu'on se conforme en outre aux usages locaux, tant pour les dimensions que pour la nature des matériaux ; 4° les cloisons légères de distribution : en bois, à l'intérieur des bâtisses construites en bois et terre, couvertes et fermées de tous côtés ; en plâtre ou en briques de champ, dans les mêmes constructions en maçonnerie ; dans aucun cas leur épaisseur ne peut dépasser 8 centimètres, tout compris ; 5° le remplacement des couvertures en chaume ou en bardeaux par des couvertures légères en ardoises ou en zinc, et même en tuiles, pourvu qu'il ne soit point apporté de changement à la forme de la toiture ; 6° les murs de soutènement adossés au terrain naturel, sur toute la hauteur, sans déblais ni remblais créant des couverts ou augmentant ceux qui existent ; 7° au-delà de la première zône, les caves, les citernes et les autres excavations couvertes, pratiquées au-dessous du sol, que le directeur des fortifications juge sans inconvénient pour la défense ; 8° enfin, les puits avec margelle de 80 centimètres au plus de hauteur. Sont également tolérés à la charge de démolition de la totalité de la construction, sans indemnité, dans le cas prévu à l'article 8 : 1° les reculements, exigés par le service de la voirie, d'une façade ou d'un pignon dépendant d'une construction couverte, pourvu qu'on emploie dans cette opération des matériaux de même nature que ceux précédemment mis en œuvre ; 2° les ponts en bois sur les fossés ou sur les cours d'eau non navigables ni flottables, quand leur tablier ne s'élève pas de plus de 50 centimètres au-dessus du sol sur chaque rive ; enfin, les baraques en bois, mobiles sur roulettes, ayant au plus 2 mètres de côté et 2 mètres 50 de hauteur de faîtage extérieurement, et susceptibles d'être traînées par deux hommes, sont permises, à la condition de n'en établir qu'une seule par propriété, et de prendre l'engagement de l'enlever, en toute circonstance, à la première réquisition de l'autorité militaire. »

Art. 14. « Les moulins et autres semblables usines en bois ou en maçonnerie peuvent être exceptionnellement autorisés par le ministre de la guerre dans les zônes de prohibition, à la condition de n'être élevés que d'un rez-de-chaussée, et qu'en cas de guerre, il ne sera accordé aucune indemnité pour démolition. La permission ne peut, toutefois, être accordée qu'après que le chef du génie, l'ingénieur des ponts et chaussées et le maire ont reconnu, de concert, et par un procès-verbal, que l'usine est d'utilité publique, et que son emplacement est déterminé par quelque circonstance locale qui ne se peut rencontrer ailleurs. Elle n'est valable qu'en ce qui concerne le service militaire, et ne dispense pas de l'accomplissement des formalités à remplir vis-à-vis des autres administrations publiques et des tiers intéressés. »

Art. 15. « Indépendamment des exonérations résultant des réductions de limites mentionnées à l'article 6, des décrets déterminent, dans l'étendue des zônes de servitudes, les terrains pour lesquels, à raison des localités, il est possible, sans nuire à la défense, de tolérer, par exception aux dispositions des articles 7 et 8, l'exécution de bâtiments, clôtures et autres ouvrages. »

Art. 16. « Le ministre de la guerre peut, suivant les localités et les besoins de la défense, autoriser, à la condition de démolition sans indemnité, dans le cas prévu à l'article 8, la clôture des cimetières situés dans les zônes de prohibition : 1° par des murs en maçonnerie ou en terre, lesquels, à moins de circonstances particulières, ne devront avoir au maximum que 2 mètres 50 centimètres d'élévation au-dessus du sol et 50 centimètres, au plus, d'épaisseur à la base ; 2° par des grilles en fer ou des clôtures en bois pleines ou à claire-voie, avec ou sans socles, soutenues de distance en distance à l'aide de poteaux en bois ou de piliers en maçonnerie de 50 centimètres au plus de côté, lesquels seront espacés d'au moins 4 mètres d'axe en axe. Dans les clôtures à claire-voie en bois, les lattis seront distants entre eux de manière à laisser au moins autant de vide que de plein. Le ministre de la guerre peut aussi permettre à l'intérieur des cimetières, aux conditions qu'il juge convenables dans l'intérêt de la défense, et toujours sous la condition précitée de démolition sans indemnité : 1° la construction de bâtiments de service de petites dimensions ; 2° l'exécution de monuments, tombeaux et autres signes funéraires. Ces autorisations particulières ne sont pas, d'ailleurs, nécessaires lorsqu'il s'agit : 1° de caveaux dont la maçonnerie ne s'élève pas à plus de 50 centimètres au-dessus du sol ; 2° de pierres tumulaires horizontales ne dépassant pas cette même hauteur de 50 centimètres ; 3° de pierres d'inscription verticales ou pyramidales, de colonnes sépulcrales et d'urnes funéraires ou autres petits monuments de toute forme en maçonnerie, n'ayant au maximum que 1 mètre 50 centimètres d'élévation, socle compris, et 50 centimètres d'épaisseur ; 4° de grilles ou de balustrades d'entourage en bois ou en fer, avec ou sans socle, de 1 mètre 50 centimètres au plus d'élévation totale. Il ne peut être établi de cimetières, dans la zône de servitudes de 487 mètres, avant que le ministre de la guerre n'ait été consulté, au point de vue des intérêts de la défense, sur le choix de l'emplacement proposé. »

Que faut-il dire de la disposition de l'article 3 de la loi du 17 juillet 1819 qui, relativement à la tolérance exceptionnelle admise dès cette époque en faveur des moulins et des usines, exigeait qu'un plan spécial fût dressé et homologué avant qu'il ne fût accordé aucune permission? La loi de 1853 y a-t-elle dérogé, et le propriétaire qui, sur l'autorisation du ministre, mais avant l'homologation des plans, aurait fait élever quelque construction, pourrait-il être condamné à la démolir? — Il nous semble que l'application rigoureuse de la loi conduirait à cette conséquence. Aussi n'hésitons-nous pas à dire qu'il sera toujours plus prudent d'attendre l'accomplissement de toutes les formalités, avant de commencer les travaux, quoiqu'on puisse soutenir peut-être que la généralité des termes de l'article 14 de la loi de 1853 rend au moins surabondante, sinon inutile, la formalité du plan spécial et son homologation.

Mais ce qui ne saurait être douteux, c'est que l'autorisation donnée de construire une usine ne donne pas au propriétaire, qui l'a obtenue, le droit de bâtir, dans le rayon prohibé bien entendu, une maison indépendante de cette usine. (Conseil d'État, 6 mai 1829, Ministre de la guerre contre dame Weurmesser.)

Voilà pour le fond du droit. Il importe maintenant de voir à quelles formalités préalables et à quelles conditions l'exercice de ce droit est subordonné.

II. — L'article 26 du décret du 10 août 1853 est ainsi conçu : « Les travaux qui sont l'objet d'une autorisation générale (art. 7, 8, 11, 12, 13 et 24) ne peuvent être entrepris, même ceux de simple entretien, qu'après que la déclaration en a été faite au chef du génie. Cette déclaration est accompagnée d'une soumission de démolition sans indemnité dans les circonstances prévues à l'article 8, lorsqu'il s'agit : 1° de bâtiments en bois au-delà de la limite de la première zône, pour toutes les places et tous les postes (art. 8) ; 2° de bâtisses en maçonnerie au-delà de la même limite, pour les places de la deuxième série et les postes militaires (art. 8) ; 3° de travaux confortatifs et de grosses réparations, légalement prohibées en matière de grande voirie, aux bâtisses en maçonnerie situées dans la zône de 250 mètres des places et des postes, ou dans celle de 487 mètres des places de la première série, lorsque la construction n'a pas déjà fait l'objet d'une soumission, ou que le propriétaire ne peut prouver qu'elle existe antérieurement à l'établissement des servitudes dont elle est grevée (art. 12) ; 4° des mêmes travaux dans les mêmes conditions, pour les constructions ou portions de constructions qui empiètent sur les limites de la rue militaire (art. 24) ; 5° le reculement de façade ou de pignon par mesure de voirie (art. 13) ; 6° de ponts en bois sur les fossés ou cours d'eau non navigables ni flottables (art. 13). Par exception, les dépôts d'engrais, ainsi que les dépôts de décombres dans les endroits désignés d'avance par le chef du génie, et les caveaux et signes funéraires de petites dimensions énoncés à l'article 16 ne sont soumis à aucune formalité. Enfin, les baraques mobiles en bois donnent lieu à une soumission de démolition en toute circonstance et sans indemnité (art. 13).

La soumission de démolir exigée déjà par l'ordonnance de 1821 et consacrée d'ailleurs par la jurisprudence du Conseil d'État est devenue désormais, comme on vient de le voir, un article de loi.

Quant aux formalités auxquelles la déclaration elle-même et la soumission sont assujetties, elles sont tracées par les articles 27 et 28 du même décret.

Art. 27. « Nuls travaux nécessitant une permission spéciale (art. 9, 14, 15 et 16) ne peuvent être commencés qu'après l'accomplissement des formalités suivantes : 1° production d'une demande sur papier timbré indiquant l'espèce des travaux, la position et les principales dimensions de la construction, ainsi que la nature des matériaux ; 2° permission du directeur des fortifications énonçant les conditions auxquelles elle est accordée, lorsqu'il s'agit de constructions comprises dans un polygone exceptionnel, et, dans les autres cas, permission du ministre ; 3° soumission par laquelle le propriétaire s'engage à remplir les conditions imposées et à démolir sa construction sans indemnité, dans le cas prévu à l'article 8. »

Art. 28. « Les soumissions concernant les servitudes défensives sont faites en double, sur papier timbré; elles ne sont assujetties qu'au droit fixe d'un franc pour l'enregistrement, décime en sus, et leur effet subsiste indéfiniment, sans qu'il soit besoin de les renouveler. Lorsqu'il s'agit de travaux à des bâtisses existantes, la soumission s'étend à la totalité de la construction et non pas seulement à la partie réparée ou améliorée. Dans tous les cas, la signature du soumissionnaire doit être légalisée par le maire, et celle du maire par le sous-préfet ou le préfet. Une expédition des soumissions souscrites est envoyée au ministère de la guerre, et l'autre reste déposée au bureau du génie de la place. »

Comment et dans quel délai l'autorité militaire fait-elle sa réponse ?

L'article 29 est ainsi conçu : « Dans les vingt-quatre heures qui suivent l'accomplissement des diverses formalités ci-dessus prescrites, le chef du génie délivre à la partie intéressée, pour le cas de permission spéciale, une copie certifiée de l'autorisation accordée, contenant l'énoncé des clauses et des conditions imposées, et, pour le cas d'autorisation générale, un certificat constatant que toutes les formalités exigées ont été remplies. Toute permission spéciale dont il n'a point été fait usage dans le délai d'un an, à partir de la date du certificat délivré, est considérée comme nulle et non avenue. »

V. — Des Indemnités auxquelles peut avoir droit la Propriété privée ?

§ 1. — Dans quels cas est-il dû une indemnité ?

Le principe est posé dans l'article 35 du décret du 10 août 1853, ainsi conçu : « La construction des fortifications et les mesures prises pour la défense des places de guerre et des postes militaires, peuvent donner lieu à des indemnités pour cause de dépossession, de privation de jouissance et de destruction ou de démolition. »

Et la loi a pris soin de spécifier les différents cas qui peuvent donner lieu à ce droit.

Aux termes de l'article 36, « il y a lieu à indemnité pour privation de jouissance, pendant l'état de paix, toutes les fois que, par suite de l'exécution de travaux de fortification ou de défense, d'extraction de matériaux, ou pour toute autre cause, l'autorité militaire occupe ou fait occuper temporairement une propriété privée de manière à y porter dommage ou à en diminuer le produit. Cette occupation ne peut avoir lieu que dans les circonstances et dans les formes déterminées par les lois des 16 septembre 1807, 30 mars 1831 et 3 mai 1841, et l'indemnité est réglée en conformité des prescriptions de ces mêmes lois. L'état de paix a lieu toutes les fois que la place ou le poste n'est point constitué en état de guerre ou de siége par un décret, par une loi ou par l'effet des circonstances prévues aux articles 38 et 39. »

Article 38. — « Lorsqu'une place ou un poste est déclaré en état de guerre, les inondations et les occupations de terrains nécessaires à sa défense ne peuvent avoir lieu qu'en vertu d'un décret, ou, dans le cas d'urgence, des ordres du gouverneur ou du commandant de place, sur l'avis du conseil de défense, après avoir fait constater, autant que possible, l'état des lieux par des procès-verbaux des gardes du génie ou des autorités locales. Il y a urgence dès que les troupes ennemies se rapprochent à moins de trois journées de marche de la place ou du poste. L'indemnité, pour les dommages causés par l'exécution de ces mesures de défense, est réglée aussitôt que l'occupation a cessé. Les dispositions qui précèdent sont applicables, dans les mêmes circonstances, à la détérioration, à la destruction ou à la démolition de maisons, clôtures ou autres constructions situées sur le terrain militaire ou dans les zônes de servitudes; seulement, il n'est pas dressé d'état de lieux, et il n'est alloué d'indemnité qu'aux particuliers ayant préalablement justifié, sur titres, que ces constructions existaient, dans leur nature et leurs dimensions actuelles, avant que le sol sur lequel elles se trouvaient fût soumis aux servitudes défensives. L'indemnité, pour les démolitions faites dans les zônes de servitudes, ne se règle que sur la valeur des bâtisses, sans y comprendre l'estimation du sol qui n'est point acquis par l'Etat. Si cependant il s'agit d'un terrain couvert par des constructions ou affecté à leur exploitation, l'indemnité peut, exceptionnellement, porter sur la valeur du sol, et alors l'Etat peut en devenir propriétaire. L'état de guerre est déclaré par une loi ou par un décret, toutes les fois que les circonstances obligent à donner à la police militaire plus de force et d'action que pendant l'état de paix. Il résulte, en outre, de l'une des circonstances suivantes : 1° en temps de guerre, lorsque la place ou le poste est en première ligne ou sur le côté, à moins de cinq journées de marche des places, camps ou positions occupés par l'ennemi ; 2° en tout temps, quand on fait des travaux qui couvrent une place ou un poste situé sur la côte ou en première ligne ; 3° lorsque des rassemblements sont formés dans le rayon de cinq journées de marche sans l'autorisation des magistrats. »

Nous croyons utile de mentionner ici quelques-unes des nombreuses décisions rendues sur ce point important de notre étude.

Et d'abord, ce droit à une indemnité par suite des mesures prises pour la défense d'une place, qui n'est, il faut bien le reconnaître, que l'application des principes d'équité et du respect de la propriété, s'étend aux dommages causés même aux propriétés situées au-delà du rayon des servitudes. C'est ce que la Cour de Bruxelles a jugé le 14 août 1835, en vertu de la loi du 10 juillet 1791, en vigueur dans le royaume de Belgique, et nous croyons pouvoir nous approprier cette décision.

Mais il a été jugé que l'indemnité due pour la destruction de bâtiments situés dans le rayon d'attaque d'une place, ne doit comprendre que les objets qui n'ont point été enlevés dans l'intervalle de temps qui s'est écoulé entre l'ordre de destruction et la destruction elle-même. (Conseil d'Etat, 20 mai 1831, Boiteux.)

Qu'il n'y a lieu d'accorder aucune indemnité aux propriétaires pour la démolition de leurs maisons qui se trouvent daus le rayon militaire, à moins qu'ils ne prouvent que la construction de ces maisons est antérieure à l'ordonnance du 9 décembre 1713. (Conseil d'Etat, 15 juin 1825, Bonnabel et autres. — 22 juin 1825, Brun. — 6 février 1828, Bonnabel et Beaussier.) — Ce serait en vain que, dans ces circonstances, les propriétaires invoqueraient les dispositions de la loi du 10 juillet 1791, attendu que cette loi s'est référée aux anciennes ordonnances en ce qui touche la fixation du rayon dans l'étendue duquel il était défendu de bâtir autour des places de guerre. (Conseil d'Etat, 11 février 1824, Bonnabel. — 11 mai 1825, Coulon et autres.)

Il en serait de même des propriétaires de maisons en bois élevées dans la première zône, parce que si l'ordonnance de 1713, en prohibant la construction de tous édifices en maçonnerie dans le rayon déterminé, a gardé le silence sur la constructiou de bâtiments en bois, il n'en résulte pas que les propriétaires de bâtiments de cette nature soient fondés à réclamer une indemnité en cas de démolition, parce que encore si la loi du 10 juillet 1791 a permis d'élever des constructions en bois, à la distance de 100 toises de la crête du parapet du chemin couvert, elle n'accorde cette permission que sous la condition de démolir, sans indemnité, à la réquisition de l'autorité militaire. (Conseil d'Etat, 11 février 1824, Bonnabel, déjà cité.)

Il n'est dû également aucune indemnité lorsque les dommages causés à la propriété ne résultent pas des mesures prises pour les travaux de défense de la place. Les dommages rentrent alors dans la catégorie des maux généraux de la guerre, pour la réparation desquels il est mis un secours extraordinaire à la disposition de l'autorité militaire. (Conseil d'Etat, 6 décembre 1820, Guérel, 22 janvier 1824, Desèvre. — 10 août 1825, Deschesnes. — 16 novembre 1825, Schoengrum.)

Ainsi encore, il n'est dû aucune indemnité lorsque des murs ou des bâtiments ont été détruits pour la défense de la place et pendant qu'elle était assiégée par l'ennemi. — Il en est autrement lorsque la démolition a eu lieu avant le siége et par mesure précautionnelle de défense. (Conseil d'Etat, 7 février 1834, Gervaise. —7 août 1835, Forcatère.)

C'est de même, par suite du principe qu'il n'est pas dû d'indemnité pour dommages occasionnés par un fait de guerre, que l'indemnité demandée à la Chambre pour la ville de Lyon, en 1835, a été rejetée.

Mais y a-t-il lieu de faire quelque distinction, soit que les dommages proviennent de l'attaque, soit qu'ils proviennent de la défense, soit que la lutte se termine par une victoire, soit qu'elle se termine par un échec? Nous ne le pensons pas, et l'article 39 du décret du 10 août 1853 nous paraît exclure toute espèce de distinction : « Toute occupation, toute privation de jouissance, toute démolition, destruction et autre dommage résultant d'un fait de guerre ou d'une mesure de défense prise soit par l'autorité militaire pendant l'état de siège, soit par un corps d'armée ou un détachement en face de l'ennemi, n'ouvre aucun droit à indemnité. L'état de siége d'une place ou d'un poste est déclaré par une loi ou par un décret. Il résulte aussi de l'une des circonstances suivantes : l'investissement de la place ou du poste par des troupes ennemies qui interceptent les communications du dehors au dedans et du dedans au dehors, à la distance de 3,500 mètres des fortifications; une attaque de vive force ou par surprise, une sédition intérieure, enfin des rassemblements formés dans le rayon d'investissement sans l'autorisation des magistrats. Dans le cas d'une attaque régulière, l'état de siége ne cesse qu'après que les travaux de l'ennemi ont été détruits et les brèches réparées ou mises en état de défense. »

Il n'est pas hors de propos de répéter ici que les différentes dispositions législatives qui régissent la matière ne reconnaissent comme donnant lieu à indemnité que les cas de dépossession, de démolition d'édifices et de privation de jouissance, et de dire que, si l'établissement des servitudes militaires frappe souvent la propriété privée d'une dépréciation incontestable, cependant cette dépréciation ne donne par elle-même aucun droit à une indemnité. Ce point, controversé en doctrine, me paraît fixé aujourd'hui en jurisprudence. (Conseil d'Etat, 10 janvier 1856, André et Rieder-Monborne. — 5 février 1857, Holker.)

Il en est ainsi même des simples inconvénients résultant des travaux exécutés par l'État dans l'intérêt de la défense publique, si la propriété est restée intacte. (Conseil d'État, 22 novembre 1836, Guerlin-Houel.)

Toutefois, il convient de s'entendre sur la valeur du mot *inconvénients*.

Or, il avait été décidé qu'il y avait lieu de repousser la demande en indemnité du propriétaire dont la réclamation ne repose que sur la crainte d'un danger et qui n'a allégué aucun préjudice provenant d'un dommage réellement éprouvé par lui. Dans l'espèce, le sieur Narbonne-Lara, propriétaire du château de Perpan, avait adressé au ministre de la guerre une réclamation à l'effet d'obtenir que des précautions fussent prises pour éviter que les exercices d'instruction pratiqués au polygone de Toulouse ne nuisissent à sa propriété. Les mesures de précaution prescrites par le ministre de la guerre parurent insuffisantes au sieur de Narbonne, qui s'adressa au Conseil d'État et demanda : 1° qu'il fût formé une commission chargée d'examiner s'il était possible ou non de garantir le château de Perpan des effets du tir qui avait lieu au polygone de Toulouse, et d'indiquer les précautions propres à procurer ce résultat ; 2° qu'il fût procédé, pour le cas où il serait impossible d'éviter le dommage, à l'expropriation du domaine pour cause d'utilité publique ; 3° subsidiairement, qu'il lui fût accordé une indemnité pour les dommages éprouvés. (Conseil d'État, 18 février 1836.)

Mais il a été jugé que le propriétaire d'une habitation qui, par suite de changements apportés à un polygone, se trouve exposé aux atteintes des boulets, est fondé à réclamer de l'État, non-seulement la réparation du dommage matériel causé par les projectiles (il était établi en fait qu'un boulet lancé par les batteries du polygone avait atteint l'habitation), mais encore une indemnité pour la dépréciation subie par sa propriété, à moins que l'administration ne préfère exécuter les travaux nécessaires pour mettre la propriété complétement à l'abri des effets du tir. (Cons. d'État, 21 juin 1859 ; 27 février 1862, Pensa. — 9 août 1865, Vérel.)

§ 2. — A QUI ET PAR QUI LES DEMANDES EN INDEMNITÉ DOIVENT-ELLES ÊTRE ADRESSÉES ?

Les demandes en indemnité doivent être *soit* adressées au ministre de la guerre, *soit* portées devant les tribunaux ordinaires, suivant les circonstances.

Jusqu'à la loi du 17 juillet 1819, le ministre de la guerre avait été seul compétent pour prononcer sur les demandes d'indemnité pour dommages causés aux particuliers par l'établissement des places fortes et autres moyens défensifs du royaume. L'article 15 de cette loi ne renvoie aux tribunaux civils que les demandes en indemnité relatives aux cas spécifiés par les articles 18, 19, 20, 24, 33 et 38, titre 1er de la loi du juillet 1791, articles qui ne comprennent que les expropriations, les privations de jouissance pour occupation momentanée et les dommages matériels ; d'où il suit que, aux termes de l'article 16 de la même loi de 1819, le ministre de la guerre est resté investi du droit de statuer sur les indemnités pour les autres cas non prévus par la loi : le ministre statue en première instance, sauf recours à l'Empereur en son

Conseil d'État. Nous renvoyons le lecteur à quelques-unes des nombreuses espèces dans lesquelles le Conseil d'État a consacré le principe que nous venons de poser. (15 juin 1832, Labrosse-Béchet contre Minist. de la guerre. — 7 avril 1835, Guerlin-Houel contre préfet de l'Aisne. — 31 décembre 1844, Arnoud, 14 août 1852, époux André et Riéder.)

Le Conseil d'Etat, par un arrêté du 4 décembre 1867, a décidé *in terminis*, sur le conflit élevé par le préfet de la Haute-Garonne, que c'est à l'autorité administrative et non à l'autorité judiciaire, qu'il appartient de statuer sur la demande d'un particulier tendant à faire condamner l'Etat à exécuter, dans un polygone, les ouvrages nécessaires pour préserver la propriété de ce particulier de l'atteinte des projectiles provenant du polygone ; et que la même règle de compétence s'applique, dans cette hypothèse, à l'action en indemnité fondée sur le dommage déjà causé à la propriété par l'effet des projectiles. Cet arrêté nous semble être sur la matière un véritable arrêté de principe; aussi n'hésitons-nous pas à le transcrire *in extenso* : « Napoléon : vu les lois des 16-24 août 1790 et du 16 fructidor an III ; vu la loi du 17 juillet-8 août 1790, le décret du 26 septembre 1793 et l'arrêté du gouvernement du 3 germinal an V ; vu l'ordonnance du 1er juin 1828, celle du 12 mars 1831, et notre décret du 25 janvier 1852; — Considérant que la demande de la dame de Panat tend à faire ordonner que l'Etat sera tenu, à peine de 500,000 fr. de dommages-intérêts, à exécuter au polygone de Toulouse les ouvrages, et à prendre les dispositions que le tribunal jugerait nécessaires pour préserver la propriété de l'atteinte des projectiles et, en outre, à condamner l'Etat à lui payer 200,000 fr. pour la réparation du dommage causé jusqu'à ce jour à sa propriété ; — Considérant, en ce qui touche les ouvrages à exécuter et les dispositions à prendre dans l'intérieur du polygone, que le tribunal ne pourrait en connaître sans s'immiscer dans une opération essentiellement administrative, et, par conséquent, sans violer le principe de la séparation des pouvoirs administratif et judiciaire, établi par les lois ci-dessus visées des 16-24 avril 1790 et 16 fructidor an III ; — Considérant, en ce qui touche les dommages-intérêts réclamés par la dame de Panat, qu'il résulte de ces mêmes lois et des autres dispositions législatives ci-dessus visées, que c'est à l'autorité administrative qu'il appartient de connaître des actions qui tendent à constituer l'Etat débiteur, à moins qu'il n'ait été dérogé à cette règle générale par des dispositions législatives spéciales ; que, dès lors, c'est avec raison que le conflit d'attributions a été élevé par le préfet de la Haute-Garonne ; — Article 1er. L'arrêté de conflit pris, le 17 juillet 1867, par le préfet de la Haute-Garonne est confirmé. »

La demande en paiement d'une indemnité ne peut être formée que par la partie intéressée. Aussi, a-t-il été décidé même que le maire d'une commune est sans qualité pour réclamer, en faveur de la masse des propriétaires, le paiement d'une indemnité qui leur serait due par suite du bornage. (Cons. d'État, 11 octobre 1833, ville de Verdun.)

CHAPITRE DEUXIÈME.

DES CONTRAVENTIONS AUX LOIS SUR LES SERVITUDES MILITAIRES.

Il faut tout d'abord poser en principe qu'en cette matière, il n'est admis aucune excuse qui puisse soustraire le contrevenant aux conséquences d'une contravention régulièrement établie.

C'est ainsi que le Conseil d'Etat a décidé que l'alignement donné par un maire pour la construction d'un mur de clôture, ne fait point disparaître la contravention résultant de cette construction, parce que cet alignement n'a pu être donné que sans préjudice de l'exercice des servitudes militaires. (Conseil d'Etat, 21 septembre 1827, Garin.)

Qu'il en est de même de l'arrêté du préfet intervenu sur une demande d'alignement. (Même date, Castre.)

Et qu'il n'appartient pas au conseil de préfecture, quel que soit l'état de dégradation des ouvrages défensifs dépendant d'une place de guerre, d'apprécier l'importance que ces ouvrages peuvent avoir dans le système de défense de la place et de renvoyer le contrevenant des poursuites, par le motif que ces ouvrages lui paraitraient non susceptibles d'exercer une servitude quelconque sur les propriétés environnantes. (Conseil d'Etat, 20 juillet 1832, Garanton.)

I. — Du Mode de constatation des Contraventions.

§ 1. — PAR QUELS AGENTS CETTE CONSTATATION DOIT-ELLE ÊTRE FAITE ET DANS QUELLE FORME ?

Aux termes de l'article 40 du décret du 10 août 1853 : « les gardes du génie, dûment assermentés, recherchent les contraventions et les constatent aussitôt qu'elles sont reconnues. A cet effet, ils dressent des procès-verbaux qui font foi jusqu'à inscription de faux, conformément à la loi du 29 mars 1806. Ces procès-verbaux doivent être affirmés dans les vingt-quatre heures devant le juge de paix ou le maire du lieu où la contravention a été commise ; ils sont visés pour timbre et enregistrés en débet dans les quatre jours de leur date. Les gardes du génie opèrent, dans tous les cas, sous l'autorité des officiers du génie chargés des poursuites. »

Par cela seul que les gardes du génie doivent être assermentés, il semblerait que leur droit de verbaliser ne s'étendrait pas au delà de la circonscription du tribunal devant lequel ils ont prêté leur serment. C'est ce que le Conseil d'Etat a jugé le 2 septembre 1829, Bund-Benninger. Cependant le Conseil d'Etat a décidé depuis qu'aucune disposition de loi n'oblige les gardes du génie à prêter de nouveau serment, lorsqu'ils sont appelés à un nouveau poste, devant le tribunal du lieu où ils sont employés; que dès lors c'était à tort que le conseil de préfecture avait déclaré nul le procès-verbal dressé par le sieur Dubois, qui avait prêté serment en qualité de garde du génie devant le tribunal d'Alger, faute par lui d'avoir prêté serment devant le tribunal de Lyon, sa nouvelle résidence. (4 août 1862, Peret et Bigot.)

Les gardes du génie peuvent opérer seuls et sans qu'ils soient assistés soit du juge de paix ou de son suppléant, soit du commissaire de police, soit du maire ou de l'adjoint du lieu, contrairement à ce qu'exigeait autrefois l'ordonnance de 1821, abrogée aujourd'hui.

Du principe que les procès-verbaux des gardes du génie font foi jusqu'à inscription de faux, il suit qu'il ne peut être ordonné aucune vérification contraire aux faits qui y sont énoncés, tant qu'ils ne sont pas attaqués par cette voie extraordinaire. Toutefois, il a été décidé qu'une demande de visite de lieux ne constituait pas nécessairement une inscription de faux, sur laquelle le Conseil de préfecture doit statuer, mais qu'elle pouvait n'être considérée que comme un moyen d'instruction que le Conseil avait la faculté d'admettre ou de rejeter. (Conseil d'État, 20 décembre 1836, Snel; — Conseil d'État, 27 novembre 1835, Defontaine.) Mais lorsqu'un procès-verbal a été attaqué par la voie de l'inscription de faux, il doit être sursis à statuer sur la contravention. (Conseil d'État, 19 mars 1845, Parodi.)

Du principe que ces procès-verbaux doivent être affirmés dans les vingt-quatre heures, il suit : que le procès-verbal, non affirmé dans le délai prescrit, est nul. (Conseil d'État, 2 septembre 1829, Bund-Benninger; — 30 août 1843, Houel.)

Mais le procès-verbal est valable, quoiqu'il n'indique pas le nom de la personne qui l'a affirmé. (Conseil d'État, 30 juin 1830, Labrosse-Richer; — 27 novembre 1835, Defontaine.) Il est également valable, quoique la copie signifiée ne contienne pas la mention de l'affirmation qui a dû en être faite, lorsqu'il résulte de l'original que cette affirmation a eu lieu, conformément à la loi. (Conseil d'État, 24 décembre 1844, Mayer-Lippmann.) Enfin, l'affirmation, pour être valable, n'a pas besoin de contenir l'indication de l'heure à laquelle elle a été faite, parce que la présomption légale est qu'elle a eu lieu dans le délai de la loi, lorsqu'elle a été faite le lendemain de la date du procès-verbal. (Conseil d'État, 9 juin 1830, Gauthier.)

Nous devons ajouter que l'irrégularité et même la nullité du procès-verbal sont sans influence sur la validité des poursuites. Si le Conseil de préfecture auquel une contravention est déférée, ne trouve pas dans le procès-verbal les indications nécessaires pour statuer en pleine connaissance de cause, il peut ordonner, selon les circonstances, soit une expertise ou vérification, soit une enquête. (Conseil d'État, 4 juillet 1837, Garanton. — 28 août 1837, Boisson.)

§ 2. — Des suites a donner aux procès-verbaux.

Aux termes de l'article 41 du décret du 10 août 1853, « les procès-verbaux sont notifiés sans délai aux contrevenants par les gardes du génie, dûment assermentés, avec sommation de suspendre sur-le-champ les travaux indûment entrepris, de démolir la partie déjà exécutée et de rétablir les lieux dans l'état où ils étaient avant la contravention ; ou, en cas d'impossibilité, dans un état équivalent ; le tout dans un délai déterminé d'après le temps que cette opération réclame. Une notification et une sommation pareilles sont aussi faites à l'architecte, à l'entrepreneur ou au maître ouvrier qui dirige les travaux. »

La notification est valablement faite un jour de fête, comme les procès-verbaux eux-mêmes sont valablement dressés un jour férié. Elle est régulière, faite au domicile du contrevenant, quoique l'agent n'ait pas parlé à sa personne. (Conseil d'Etat, 27 novembre 1835, Defontaine, déjà cité.)

II. — De la juridiction chargée de la répression des contraventions. — Voies de recours.

Les Conseils de préfecture sont seuls compétents pour statuer sur les contraventions aux lois sur les servitudes militaires, qui, comme nous l'avons dit, sont jugées comme en matière de grande voirie. Si, dans les matières ordinaires, les tribunaux de l'ordre judiciaire sont seuls compétents pour prononcer sur les questions de servitude, cette règle ne saurait être appliquée aux servitudes défensives, que la loi a soumises à une juridiction spéciale. (Conseil d'Etat, 30 novembre 1832, Gibosc.)

Cette compétence est tellement absolue, qu'un Conseil de préfecture ne peut refuser de statuer sur la contravention qui lui est déférée, sous le prétexte que le contrevenant invoquerait des titres privés de propriété, considérant que les prohibitions prononcées par les lois des 8 juillet 1791 et 17 juillet 1819 constituent des servitudes d'utilité publique, et qu'aucun contrat ne peut déroger aux obligations qui résultent de ces lois. (Conseil d'État, 7 décembre 1832, Lecoq.) Il ne s'agit pas là de la question préjudicielle résultant du point de savoir si les bâtiments, qui ont donné lieu à la prétendue contravention, ont été construits avant ou après l'établissement des servitudes militaires, et sur laquelle nous nous sommes déjà expliqué.

C'est devant le Conseil d'Etat que le recours contre les arrêtés définitifs des Conseils de préfecture peut et doit être formé dans le délai de trois mois, à partir du jour de la signification de l'arrêté, qui n'est pas compris dans le délai. Le droit de se pourvoir appartient au Ministre de la guerre comme aux propriétaires. Les arrêtés rendus par défaut par les Conseils de préfecture, ainsi que les arrêts par défaut du Conseil d'Etat, sont susceptibles d'opposition. (Conseil d'Etat, 4 juillet 1837, Garanton.)

§ 1. — Formes de l'instruction.

Article 42. — « Si le contrevenant n'interrompt pas ses travaux dans les vingt-quatre heures de la date de l'acte de notification et de sommation, le chef du génie en informe le directeur des fortifications en lui envoyant cet acte. Le directeur vise et transmet cette pièce au préfet du département, et demande que le Conseil de préfecture prononce immédiatement la suspension des ouvrages commencés. Sur le vu de cette demande et de l'acte à l'appui, le Conseil de préfecture, convoqué d'urgence par le préfet, ordonne sur-le-champ cette suspension par provision, nonobstant toute inscription de faux. Dans les vingt-quatre heures qui suivent le jugement, le préfet fait parvenir au directeur des fortifications une expédition de l'arrêté du Conseil de préfecture. Cet arrêté est notifié au contrevenant par le garde du génie, et, dès le lendemain de la notification, nonobstant et sauf toute opposition et tous recours, les officiers et les gardes du génie en assurent l'exécution, même, au besoin, par l'emploi de la force publique. »

Article 43. — « Dans le cas où, nonobstant l'acte de notification et de sommation prescrit à l'article 41, le contrevenant ne démolit pas les travaux indûment exécutés, et ne met pas les lieux en l'état spécifié audit acte, le directeur des fortifications adresse au préfet un mémoire de discussion avec plan à l'appui, tendant à obtenir que le Conseil de préfecture prononce la répression de la contravention, conformément aux dispositions consignées dans la sommation. Ce mémoire est notifié au contrevenant en la forme administrative, avec citation devant le Conseil de préfecture, et sommation de présenter ses moyens de défense dans le délai d'un mois; sauf le cas d'inscription de faux, le Conseil de préfecture statue dans le mois suivant. Toutefois, si le procès-verbal est reconnu incomplet ou irrégulier, en tout ou en partie, et que le Conseil ne trouve pas dans les autres pièces produites les renseignements nécessaires, il fait faire préalablement sur les lieux, par les officiers du génie et les ingénieurs des ponts et chaussées, les vérifications qu'il juge convenables, et il prononce sur le tout dans le mois de la remise qui lui est faite du procès-verbal de vérification. L'arrêté du Conseil de préfecfecture, dans les huit jours au plus tard de sa date, est adressé par le préfet au directeur des fortifications. Cet officier supérieur, si cet arrêté fait droit à ses conclusions, le fait notifier au contrevenant par un garde du génie, avec sommation d'exécuter le jugement dans le délai qui lui est assigné; dans le cas contraire, il en réfère immédiatement au Ministre de la guerre. »

Article 44. — « Le Conseil de préfecture fixe le délai dans lequel le contrevenant est tenu de démolir les travaux exécutés, et de rétablir à ses frais les lieux dans l'état où ils étaient avant la contravention, ou, en cas d'impossibilité, dans l'état équivalent déterminé par le Conseil. »

Article 45. — « A l'expiration du délai fixé, si le jugement n'a pas été exécuté par le contrevevenant, le chef du génie se concerte avec le commandant de place sur l'époque de l'exécution du jugement, et, s'il est nécessaire, sur l'intervention de la force armée, et requiert en outre, par écrit, le maire de la commune d'être présent à l'opération. Huit jours à l'avance, un garde du génie, dûment assermenté, notifie au contrevenant le jour et l'heure de l'exécution du jugement, avec sommation d'y assister. L'exécution a lieu, et les démolitions, déblais et remblais sont effectués comme s'il s'agissait de travaux militaires, soit au moyen des ouvriers de l'entrepreneur des fortifications, soit à l'aide de travailleurs militaires ou civils, requis au besoin sur les lieux, en vertu de l'article 24 du titre 6 de la loi du 8 juillet 1791. Le garde du génie constate, par un procès-verbal, les résultats de l'opération et les incidents auxquels elle donne lieu. »

§ 2. — Des peines encourues par les contrevenants. — Prescription.

Toutes les dépenses faites pour constater, poursuivre et réprimer une contravention sont à la charge du contrevenant. Les officiers du génie tiennent la comptabilité de ces diverses dépenses dans les formes établies pour les travaux de fortification, et si le contrevenant ne les acquitte pas immédiatement, le chef du génie en dresse le compte, y joint les feuilles de dépense, et envoie le tout, certifié par lui et signé par l'entrepreneur ou par le gérant, au directeur des fortifications, qui le vise et le transmet au préfet du département, Le préfet arrête le compte de la dépense, le déclare exécutoire, et en fait poursuivre le recouvrement conformément aux dispositions de la loi du 19 mai 1802 (art. 46).

Les droits de timbre et d'enregistrement en débet sont payés par le contrevenant après le jugement définitif de condamnation. La rentrée de ces droits est suivie par les agents de l'enregistrement (art. 47).

Les contrevenants, outre la démolition à leurs frais des ouvrages indûment exécutés, encourent, selon le cas, les peines applicables aux contraventions analogues en matière de grande voirie, conformément à l'article 13 de la loi du 17 juillet 1810 (art. 48); c'est-à-dire l'amende de 300 francs portée par l'arrêt de règlement du 27 février 1765, modifié par la loi du 23 mars 1842 qui, *d'une part,* a permis (art. 1er) de modérer désormais l'amende, eu égard au degré d'importance et aux circonstances atténuantes des contraventions, jusqu'au vingtième, sans toutefois que le minimum puisse descendre au-dessous de 16 francs, et qui, *d'autre part,* a reconnu implicitement au Conseil de préfecture le droit d'appliquer cette réduction, faculté qui n'appartenait qu'au chef du pouvoir exécutif avant la promulgation de la loi du 23 mars 1842.

En cette matière spéciale, le Conseil de préfecture n'a pas la faculté de prononcer les peines encourues par le contrevenant. Dès que la contravention est constante et qu'il est établi notamment que des constructions ont été élevées ou que des travaux ont été faits sur le terrain soumis aux servitudes défensives d'une place sans autorisation, la démolition de la construction, qui en est l'objet, doit être ordonnée et la peine de l'amende doit être prononcée. (Cons. d'État, 24 décembre 1828, ville de Langres. — 8 avril 1829, Brunet. — 13 octobre 1830, N.)

— 14 décembre 1832, Lévesque. — 4 novembre 1835, Martin. — 18 juin 1846, Deledique.)

Ces peines sont encourues, alors que le propriétaire ne s'est pas borné à une simple réparation et que les travaux constituent une véritable consolidation de sa propriété. (Cons. d'État, 30 novembre 1832, Gibon.)

Il en doit être de même dans le cas où un propriétaire a dépassé dans la construction de sa maison la hauteur déterminée par la loi et les règlements, qui lui avait été donnée par le chef du génie et à laquelle il s'était engagé de se conformer dans sa soumission. (Cons. d'État, 15 octobre 1826, Ponte.)

Et, s'il est possible que, dans un cas donné, le contrevenant obtienne la permission de conserver momentanément les constructions non autorisées, ce n'est pas par la voie contentieuse que cette permission peut être demandée. (Conseil d'Etat, 21 septembre 1827, Vermond ; 2 septembre 1823, Henri Jean ; 9 juin 1830, Labrosse-Béchet.)

— Un mot sur la prescription admise en cette matière.

Aux termes de l'article 49 du décret du 10 avril 1853, « l'action publique, en ce qui concerne la peine de l'amende qui serait prononcée par application de l'arrêt du Conseil du 27 février 1765, est prescrite après une année révolue, à compter du jour auquel la contravention a été commise. Mais l'action principale, à l'effet de faire prononcer la démolition des travaux indûment entrepris, est imprescriptible, dans l'intérêt toujours subsistant de la défense de l'Etat. »

Ces dispositions de la loi ne sont que l'expression résumée d'une jurisprudence antérieure et la distinction, qui est faite entre l'amende et l'action principale dont la loi proclame l'imprescriptibilité, est de toute raison. Considérant, en effet, qu'encore bien qu'aux termes de l'article 640 du Code d'instruction criminelle, l'action publique, en ce qui concerne l'application de la peine, soit prescrite après une année révolue, à compter du jour où la contravention a été commise, l'existence de constructions prohibées par les lois sur les servitudes militaires constitue une infraction permanente, dont la répression peut et doit, nonobstant l'expiration dudit délai, être poursuivie dans l'intérêt toujours subsistant de la défense de l'Etat. Aussi, le Conseil de préfecture doit-il, sauf à ne prononcer aucune peine, examiner si les constructions signalées au procès-verbal rapporté devant lui, n'ont point été élevées contrairement aux dispositions des lois sur la matière et s'il n'y a pas lieu d'en ordonner la démolition. (Conseil d'Etat, 22 février 1836, Pozzo di Borgo; 28 août 1844, Gérard.)

TROISIÈME PARTIE.

LÉGISLATION
ou textes actuellement en vigueur.

LOI

CONCERNANT LA CONSERVATION, LE CLASSEMENT DES PLACES DE GUERRE ET POSTES MILITAIRES, LA POLICE DES FORTIFICATIONS, ETC.

Donnée à Paris, le 10 *juillet* 1791.

(Décret de l'Assemblée nationale des 24 mai, 25, 27 et 29 juin, 2, 4, 5 et 8 juillet 1791.)

TITRE Ier.

Conservation et Classement des Places de guerre et Postes militaires, Police des Fortifications.

ARTICLE Ier. — Les places de guerre et postes militaires seront partagés en trois classes, suivant leur degré d'importance, et conformément au tableau qui sera réglé et annexé au présent décret.

Les places et postes de la première classe seront non-seulement entretenus avec exactitude, mais encore renforcés dans toutes celles de leurs parties qui l'exigeront, et constamment pourvus des principaux moyens nécessaires à leur défense.

Ceux de la seconde classe seront entretenus sans augmentation, si ce n'est pour l'achèvement des ouvrages commencés ; et ceux de la troisième classe seront conservés en masse, pour valoir au besoin, sans démolition et sans autre entretien que celui des bâtiments qui seront conservés pour le service militaire, et des ouvrages relatifs aux manœuvres des eaux.

Art. II. — Ne seront réputés places de guerre et postes militaires, que ceux énoncés au tableau annexé au présent décret.

Art. III. — Dans le nombre des places de guerre et postes militaires désignés en l'article précédent, si un examen ultérieur prouvait que quelques forts, citadelles, tours ou châteaux sont absolument inutiles à la défense de l'Etat, ils pourraient être supprimés et démolis en tout ou en partie, et leurs matériaux et emplacements aliénés au profit du trésor public.

Art. IV. — Nulle construction nouvelle de places de guerre ou postes militaires, et nulle suppression ou démolition de ceux actuellement existants, ne pourront être ordonnées que d'après l'avis d'un conseil de guerre, confirmé par un décret du Corps législatif, sanctionné par le Roi.

Art. V. — Les places de guerre et postes militaires seront considérés sous trois rapports ; savoir, dans *l'état de paix*, dans *l'état de guerre* et dans *l'état de siége.*

Art. VI. — Dans les places de guerre et postes militaires, lorsque ces places et postes seront en *état de paix*, la police intérieure et tous autres actes du pouvoir civil n'émaneront que des magistrats et autres officiers civils préposés par la Constitution pour veiller au maintien des lois, l'autorité des agents militaires ne pouvant s'étendre que sur les troupes, et sur les autres objets dépendant de leur service qui seront désignés dans la suite du présent décret.

Art. VII. — Dans les places de guerre et postes militaires, lorsque ces places et postes seront en *état de guerre*, les officiers civils ne cesseront pas d'être chargés de l'ordre et de la police intérieurs; mais ils pourront être requis, par le commandant militaire, de se prêter aux mesures d'ordre et de police qui intéresseront la sûreté de la place; en conséquence, pour assurer la responsabilité respective des officiers civils et des agents militaires, les délibérations du conseil de guerre, en vertu desquelles les réquisitions du commandant militaire auront été faites, seront remises et resteront à la municipalité.

Art. VIII. — L'*état de guerre* sera déterminé par un décret du Corps législatif, rendu sur la proposition du Roi, sanctionné et proclamé par lui.

Art. IX. — Et, dans le cas où le Corps législatif ne serait point assemblé, le Roi pourra, de sa seule autorité, proclamer que telles places ou postes sont en *état de guerre*, sous la responsabilité personnelle des ministres; mais, lors de la réunion du Corps législatif, il délibérera sur la proclamation du Roi, à l'effet de la valider ou de l'infirmer par un décret.

Art. X. — Dans les places de guerre et postes militaires, lorsque ces places et postes seront en *état de siége*, toute l'autorité dont les officiers civils sont revêtus par la Constitution, pour le maintien de l'ordre et de la police intérieurs, passera au commandant militaire, qui l'exercera exclusivement sous sa responsabilité personnelle.

Art. XI. — Les places de guerre et postes militaires seront en *état de siége*, non seulement dès l'instant que les attaques seront commencées, mais même aussitôt que, par l'effet de l'investissement par des troupes ennemies, les communications du dehors au dedans et du dedans au dehors seront interceptées à la distance de 1,800 toises des crêtes des chemins couverts.

Art. XII. — L'*état de siége* ne cessera que lorsque l'investissement sera rompu, et dans le cas où les attaques n'auraient été commencées qu'après que les travaux des assiégeants auront été détruits, et que les brèches auront été réparées ou mises en état de défense.

Art. XIII. — Tous terrains de fortifications des places de guerre ou postes militaires, tels que remparts, parapets, fossés, chemins couverts, esplanades, glacis, ouvrages avancés, terrains vuides, canaux, flaques ou étangs dépendant des fortifications, et tous autres objets faisant partie des moyens défensifs des frontières du royaume, tels que lignes, redoutes, batteries, retranchements, digues, écluses, canaux, et leurs francs bords, lorsqu'ils accompagnent les lignes défensives ou qu'ils en tiennent lieu, quelque part qu'ils soient situés, soit sur les frontières de terre, soit sur les côtes et dans les îles qui les avoisinent, sont déclarés *propriétés nationales;* en cette qualité, leur conservation est attribuée au ministre de la guerre, et, dans aucun cas, les corps administratifs ne pourront en disposer, ni s'immiscer dans leur manutention d'une autre manière que celle qui sera prescrite par la suite du présent décret, sans la participation dudit ministre, lequel, ainsi que ses agents, demeureront responsables, en tout ce qui les concerne, de la conservation desdites propriétés nationales, de même que de l'exécution des lois renfermées au présent décret.

Art. XIV. — L'Assemblée nationale n'entend point annuler les conventions ou règlements en vertu desquels quelques particuliers jouissent des productions de certaines parties de lignes, redoutes, retranchements ou francs bords de canaux ; mais elle renouvelle, en tant que de besoin, la défense de les dégrader, d'en altérer les formes ou d'en combler les fossés, les dispositions ci-dessus ne concernant point les jouissances à titre d'émoluments, et ne dérogeant point à ce qui est prescrit *article LIX du titre III du présent décret.*

Art. XV. — Dans toutes les places de guerre et postes militaires, le terrain compris entre le pied du talus du rempart et une ligne tracée du côté de la place, à quatre toises du pied dudit talus, et parallèlement à lui, ainsi que celui renfermé dans la capacité des redans, bastions, vides ou autres ouvrages qui forment l'enceinte, sera considéré comme terrain militaire national, et fera rue le long des courtines et des gorges des bastions ou redans. Dans les postes militaires qui n'ont point de rempart, mais un simple mur de clôture, la ligne destinée à limiter intérieurement le terrain militaire national sera tracée à cinq toises du parement intérieur du parapet ou mur de clôture, et fera également rue.

Art. XVI. — Si, dans quelques places de guerre et postes militaires, l'espace compris entre le pied du talus du rempart ou le parement intérieur du mur de clôture et les maisons ou autres établissements des particuliers, était plus considérable que celui prescrit par l'article précédent, il ne serait rien changé aux dimensions actuelles du terrain national.

Art. XVII. — Les agents militaires veilleront à ce qu'aucune usurpation n'étende à l'avenir les propriétés particulières au delà des limites assignées au terrain national; et, cependant, toutes personnes qui jouissent actuellement des maisons, bâtiments ou clôtures qui débordent ces limites, continueront d'en jouir sans être inquiétées; mais, dans le cas de démolition desdites maisons, bâtiments ou clôtures, que cette démolition soit volontaire, accidentelle ou nécessitée par le cas de guerre et autres circonstances, les particuliers seront tenus, dans la restauration de leurs maisons, bâtiments et clôtures, de ne point outrepasser les limites fixées au terrain national par l'article XV ci-dessus.

Art. XVIII. — Les particuliers qui, par les dispositions de l'article XVII ci-dessus, perdront une partie de terrain qu'ils possèdent, en seront indemnisés par le Trésor public s'ils fournissent le titre légitime de leur possession, l'Assemblée nationale n'entendant d'ailleurs déroger en rien aux autres conditions en vertu desquelles ils seront entrés en jouissance de leur propriété.

Art. XIX. — Les dispositions des articles XV, XVI, XVII et XVIII ci-dessus, seront susceptibles d'être modifiées dans les places où quelques portions de vieilles enceintes non bastionnées font partie des fortifications. Dans ce cas, les corps administratifs et les agents militaires se concerteront sur l'étendue à donner au terrain militaire national, et le résultat de leurs conventions, approuvé par le Ministre de la guerre, deviendra provisoirement obligatoire pour les particuliers, lesquels demeureront néanmoins réservés aux indemnités qui pourront leur être dues et qui seront réglées à l'amiable, s'il se peut, par les départements, sur l'avis des districts, et, en cas de désaccord, par le tribunal du lieu.

Art. XX. — Les terrains militaires nationaux et extérieurs aux places et postes, seront limités et déterminés par des bornes, toutes les fois qu'ils ne se trouveront pas l'être déjà par des limites naturelles, tels que chemins, rivières, canaux, etc. Dans le cas où le terrain militaire national ne s'étendrait pas à la distance de 20 toises de la crête des parapets des chemins couverts, les bornes qui devront en fixer l'étendue seront portées à cette distance de 20 toises, et les particuliers légitimes possesseurs seront indemnisés, aux frais du Trésor public, de la perte du terrain qu'ils pourront éprouver par cette opération.

Art. XXI. — Dans les postes sans chemins couverts, les bornes qui fixeront l'étendue du terrain militaire national seront éloignées du parement extérieur de la clôture de 15 à 30 toises, suivant que cela sera jugé nécessaire.

Art. XXII. — Tous terrains dépendants des fortifications qui, sans nuire à leur conservation, seront susceptibles d'être cultivés, ne le seront jamais qu'en nature d'herbages, sans labour quelconque et sans être pâturés, à moins d'une autorisation du Ministre de la guerre.

Art. XXIII. — Le Ministre de la guerre désignera ceux desdits terrains qui seront susceptibles d'être cultivés, et dont le produit pourra être récolté sans inconvénient; il indiquera pareillement ceux des fossés, les canaux, flaques ou étangs qui seront susceptibles d'être pêchés. Il adressera les états de ces divers objets aux commissaires des guerres, qui, conjointement avec les corps administratifs, et de la manière qu'il est prescrit aux articles V, VI, VII, VIII, IX et X du titre VI, les affermeront à l'enchère, en présence des agents militaires qui auront été chargés par le Ministre de prescrire les conditions relatives à la conservation des fortifications.

Art. XXIV. — Les fermiers de toutes les propriétés nationales, dépendants du département de la guerre, seront responsables de toutes les dégradations qui seront reconnues provenir de la faute d'eux ou de leurs agents. Et lorsque le service des fortifications obligera de détériorer, par des dépôts de matériaux ou des emplacements d'atelier, ou de toute autre manière, les productions de quelques parties de terrains qui leur seront affermées, l'indemnité à laquelle ils auront droit de prétendre sera estimée par expert, et il leur sera fait, sur le prix de leurs baux, une déduction égale au dédommagement estimé.

Art. XXV. — Toutes dégradations faites aux fortifications ou à leurs dépendances, telles que portes, passages d'entrée des villes, barrières, pont-levis, pont-dormant, etc., seront dénoncées par les agents militaires ou officiers civils chargés de la police, lesquels seront tenus de faire droit, suivant les circonstances et les caractères du délit.

Art. XXVI. — Nulle personne ne pourra planter des arbres dans le terrain des fortifications, émonder, extirper ou faire abattre ceux qui s'y trouvent plantés, sans une autorisation du ministre de la guerre : ceux desdits arbres qu'il désignera comme inutiles au service militaire, seront vendus à l'enchère, conformément à ce qui est prescrit à l'article XXIII ci-dessus pour l'affermage des terrains.

Art. XXVII. — Tous les produits provenant des propriétés nationales dépendant du département de la guerre, seront perçus par les corps administratifs et versés par eux au trésor public, ainsi que cela sera réglé par les lois concernant l'organisation des finances.

Art. XXVIII. — Pour assurer la conservation des fortifications et la récolte des fruits des terrains affermés, il est défendu à toutes personnes, sauf aux agents militaires et leurs employés nécessaires, de parcourir les diverses parties desdites fortifications, spécialement leurs parapets et banquettes ; n'exceptant de cette disposition que le seul terre-plain du rempart du corps de place et les parties d'esplanade qui ne sont pas en valeur, dont la libre circulation sera permise à tous les habitants, depuis le soleil levé jusqu'à l'heure fixée pour la retraite des citoyens, et laissant aux officiers municipaux, de concert avec l'autorité militaire, le droit de restreindre cette disposition toutes les fois que les circonstances l'exigeront.

Art. XXIX. — Il ne sera fait aucun chemin, levée ou chaussée, ni creusé aucun fossé dans l'étendue de cinq cents toises autour des places, et 300 toises autour des postes militaires, sans que leur alignement et leur position aient été concertés avec l'autorité militaire.

Art. XXX. — Il ne sera à l'avenir bâti ni reconstruit aucune maison, ni clôture de maçonnerie autour des places de première et seconde classe, même dans leurs avenues et faubourgs, plus près qu'à 250 toises de la crête des parapets des chemins couverts les plus avancés : en cas de contravention, ces ouvrages seront démolis aux frais des propriétaires contrevenants. Pourra néanmoins le ministre de la guerre déroger à cette disposition, pour permettre la construction de moulins et autres semblables usines, à une distance moindre que celle prohibée par le présent article, à condition que lesdites usines ne seront composées que d'un rez-de-chaussée, et à charge par les propriétaires de ne recevoir aucune indemnité pour démolition en cas de guerre.

Art. XXXI. — Autour des places de première et seconde classe, il sera permis d'élever des bâtiments et clôtures en bois et en terre, sans y employer de pierres ni de briques, même de chaux ni de plâtre, autrement qu'en crépissage, mais seulement à la distance de 100 toises de la crête du parapet du chemin couvert le plus avancé, et avec la condition de les démolir, sans indemnité, à la réquisition de l'autorité militaire, dans le cas où la place, légalement déclarée en état de guerre, serait menacée d'une hostilité.

Art. XXXII. — Autour des places de troisième classe et de postes militaires de toutes les classes, il sera permis d'élever des bâtiments et clôtures de construction quelconque au-delà de la distance de 100 toises, des parapets des chemins couverts les plus avancés, ou des murs de clôture des postes, lorsqu'il n'y aura pas de chemins couverts.

Le cas arrivant, où ces places et postes seraient déclarés dans l'état de guerre, les démolitions qui seraient jugées nécessaires, à la distance de 250 toises et au-dessous de la crête des parapets des chemins couverts et des murs de clôture, n'entraîneront aucune indemnité pour les propriétaires.

Art. XXXIII. — Les indemnités prévues par les articles XXX, XXXI et XXXII, seront dues néanmoins aux particuliers, si, lors de la construction de leurs maisons, bâtiments et clôtures, ils étaient éloignés des crêtes des parapets des chemins couverts les plus avancés, de la distance prescrite par les ordonnances.

Art. XXXIV. — Les décombres provenant des bâtisses et autres travaux civils et militaires, ne pourront être déposés à une distance moindre de 500 toises de la crête des parapets des chemins couverts les plus avancés des places de guerre, si ce n'est dans les lieux indiqués par les agents de l'autorité militaire ; exceptant de cette disposition, ceux des détriments qui pourraient servir d'engrais aux terres, pour les dépôts desquels les particuliers n'éprouveront aucune gêne, pourvu qu'ils évitent de les entasser.

Art. XXXV. — Les écluses dépendant des fortifications, soit dedans, soit dehors des places de guerre de toutes les classes, ne pourront être manœuvrées que par les ordres de l'autorité militaire, laquelle, dans l'état de paix, sera tenue de se concerter avec les municipalités ou les directoires des corps administratifs, pour diriger les effets desdites écluses de la manière la plus utile au bien public.

Art. XXXVI. — Lorsqu'une place sera en *état de guerre*, les inondations qui servent à sa défense ne pourront être tendues ou mises à sec sans un ordre exprès du Roi ; il en sera de même pour les démolitions des bâtiments ou clôtures qu'il deviendrait nécessaire de détruire pour la défense desdites places, et en général cette disposition sera suivie pour toutes les opérations qui pourraient porter préjudice aux propriétés et jouissances particulières.

Art. XXXVII. — Dans le cas d'urgente nécessité, qui ne permettrait pas d'attendre les ordres du Roi, le commandant des troupes assemblera le conseil de guerre à l'effet de délibérer sur l'état de la place et la défense de ses environs, et d'autoriser la prompte exécution des dispositions nécessaires à sa défense.

Art. XXXVIII. — Dans les cas prévus par les articles XXXV, XXXVI et XXXVII ci-dessus, les particuliers dont les propriétés auront été endommagées, seront indemnisés aux frais du Trésor public, sauf pour les maisons, bâtiments et clôtures existant à une distance moindre de 250 toises de la crête des parapets des chemins couverts.

Art. XXXIX. — Dans les places et postes de troisième classe, où il y a des municipalités, il ne sera fourni aucun fonds par le Trésor public pour l'entretien des ponts, portes et barrières ; ces diverses dépenses devant être à la charge des municipalités, si elles désirent conserver lesdits ponts, portes et barrières.

Art. XL. — Les municipalités des places et postes de troisième classe pourront, si elles le jugent convenable, supprimer les ponts sur les fossés et leur substituer des levées en terre avec des ponceaux pour la circulation des eaux dont lesdits fossés peuvent être remplis, à la charge à elles de déposer dans les magasins militaires les matériaux susceptibles de service, tels que les plombs, les fers et les bois sains provenant de la démolition desdits ponts, et à charge encore de ne pas dégrader les piles et culées de maçonnerie sur lesquels ces ponts seront portés.

Art. XLI. — Il est défendu à tout particulier, autre que les agents militaires désignés à cet effet par le Ministre de la guerre, d'exécuter aucune opération de topographie sur le terrain, à 500 toises d'une place de guerre, sans l'aveu de l'autorité militaire. Cette faculté ne pourra être refusée lorsqu'il ne s'agira que d'opérations relatives à l'arpentement des propriétés.

Les contrevenants à cet article seront arrêtés et jugés conformément aux lois qui seront décrétées sur cet objet dans le Code des délits militaires.

LOI

RELATIVE AUX SERVITUDES IMPOSÉES A LA PROPRIÉTÉ POUR LA DÉFENSE DE L'ÉTAT.

Au château de Saint-Cloud, le 17 juillet 1819.

Louis, par la grâce de Dieu, roi de France et de Navarre, à tous présents et à venir, salut.

Nous avons proposé, les Chambres ont adopté, nous avons ordonné et ordonnons ce qui suit :

Article 1er. — Lorsque le Roi aura ordonné, soit des constructions nouvelles de places de guerre ou postes militaires, soit la suppression ou démolition de ceux actuellement existants, soit des changements dans le classement ou dans l'étendue desdites places ou postes, les effets qui résulteraient de ces mesures dans l'application des servitudes imposées à la propriété en faveur de la défense par la loi du 10 juillet 1791, ne pourront avoir lieu qu'en vertu d'une ordonnance du Roi, publiée dans les communes intéressées, et d'après les formes prescrites par la loi du 8 mars 1810.

Art. 2. — Le terrain militaire appartenant à l'État, tel qu'il a été défini par la loi du 10 juillet 1791, sera limité par des bornes plantées contradictoirement avec les propriétaires des terrains limitrophes. Ces bornes seront rattachées à des points fixes, et rapportées sur un plan spécial de circonscription, dont une expédition sera déposée à la sous-préfecture, afin que chacun puisse en prendre connaissance.

L'opération de ce bornage sera exécutée aux frais du Gouvernement.

Art. 3. — La tolérance spécifiée par l'art. 30 du titre Ier de la loi du 10 juillet 1791, en faveur des moulins et usines, pourra, lorsqu'il n'en résultera aucun inconvénient pour la défense, s'étendre à toute espèce de bâtiments ou clôtures situés hors des places ou postes, ou sur l'esplanade des citadelles ; le tout sous les conditions qui seront déterminées par le Roi, relativement à la nature des matériaux ou à la dimension des constructions.

Les terrains auxquels la présente exception pourra être appliquée, seront limités par des bornes, et rapportés sur le plan spécial de circonscription mentionné à l'article 2 et homologué par une ordonnance du Roi. Il ne sera accordé aucune permission quelconque, ni avant la confection de ce plan, ni hors de ses limites, quand il aura été dressé.

Art. 4.—La distance fixée à 100 toises par les articles 31 et 32 du titre Ier de la loi du 10 juillet 1791, sera portée à 250 mètres, sans néanmoins que la prohibition qui en résulte puisse s'étendre aux constructions existantes, lesquelles pourront être entretenues dans leur état actuel. Pourront aussi, entre ladite limite et celle du terrain militaire, être établies librement des clôtures en haies sèches ou en planches à claire-voie, sans pans de bois ni maçonnerie.

Art. 5.—Les ouvrages détachés auront sur leur pourtour, suivant leur degré d'importance et les localités, des rayons égaux soit aux rayons de l'enceinte des places et des ouvrages qui en dépendent immédiatement, soit à ceux des simples postes militaires.

Seront considérés comme ouvrages détachés les ouvrages

de fortification qui se trouveraient à plus de 250 mètres des chemins couverts de la place à laquelle ils appartiennent.

Art. 6.—Les distances fixées par la loi du 10 juillet 1791 et par la présente loi, pour l'exercice des servitudes imposées à la propriété en faveur de la défense, seront mesurées à partir des lignes déterminées par lesdites lois, sur les capitales de l'enceinte et des dehors. Leurs points extrêmes seront marqués par des bornes qui, réunies de proche en proche par des lignes droites, serviront de limites extérieures aux terrains soumis auxdites servitudes.

Les procès-verbaux de bornage seront dressés par les ingénieurs civils et militaires, en présence des maires ou adjoints des communes intéressées, et ces fonctionnaires pourront y faire inscrire leurs avis ou observations.

Art. 7.—Autour des places et postes qui n'ont ni chemin couvert ni murs de clôture, les distances susdites seront mesurées à partir de la crête intérieure de leur parapet.

Art. 8.—Les bornes plantées en exécution des articles précédents seront, comme celles du terrain militaire appartenant à l'État, rattachées à des points fixes, et rapportées sur le plan de circonscription mentionné en l'article 2.

Les bâtiments, clôtures et autres constructions existant en dedans des limites déterminées ci-dessus, ainsi que toutes les bâtisses et constructions qui seront faites en vertu des exceptions ci-dessus déterminées, seront aussi rapportés avec un numéro d'ordre sur ledit plan de circonscription.

Ce plan sera accompagné d'un état descriptif des dimensions et de la nature desdites constructions, d'après la vérification qui en sera faite en présence des propriétaires et du maire de la commune, dûment requis à cet effet.

Art. 9.—Les distances et dimensions fixées par le plan et par l'état descriptif ci-dessus mentionnés, seront notifiées à chaque partie intéressée, par l'intermédiaire des gardes des fortifications dûment assermentés.

Si, dans les trois mois de ladite notification, les propriétaires intéressés réclament contre l'application des limites légales, il sera statué à cet égard, sauf tout recours de droit, comme en matière de grande voirie, d'après une vérification faite sur les lieux par les ingénieurs civils et militaires.

Les propriétaires intéressés y seront présents ou dûment appelés, et pourront s'y faire assister par un arpenteur. Leurs avis et observations seront consignés au procès-verbal.

Art. 10. — Les travaux ou constructions qui pourront devenir, en vertu de la présente loi ou de celle du 10 juillet 1791, l'objet d'une tolérance spéciale, ne seront entrepris qu'après que les particuliers ou les communes auront pris l'engagement de remplir les conditions qui leur seront prescrites.

Cette soumission ne sera assujettie qu'au droit fixe d'un franc, et son effet subsistera indéfiniment sans qu'il soit besoin de la renouveler.

Art. 11. — Les contraventions à la présente loi seront constatées par les procès-verbaux des gardes des fortifications, et réprimées conformément à la loi du 19 mai 1802 (29 floréal an X), relative aux contraventions en matière de grande voirie.

Art. 12.—Dans le cas où, nonobstant la notification faite par les gardes des fortifications, des procès-verbaux de contravention, les contrevenants ne rétabliraient pas l'ancien état des lieux dans le délai qui leur sera fixé, l'autorité militaire transmettra lesdits procès-verbaux au préfet du département; elle y joindra, avec un fragment du plan dont il est fait mention dans l'article 2 de la présente loi, un extrait de l'état descriptif et un mémoire sommaire de discussion, pour être, sur le tout, statué en Conseil de préfecture, sauf les vérifications qui pourront être jugées nécessaires.

Toutefois, si, après la notification faite en vertu du présent article, les contrevenants poursuivaient leur infraction, le Conseil de préfecture ordonnerait sur-le-champ la suspension des travaux.

ART. 13. — Outre la démolition de l'œuvre nouvelle, aux frais des contrevenants, ils encourront, selon les cas, les peines applicables aux contraventions analogues en matière de grande voirie.

ART. 14. — Tout jugement de condamnation rendu en exécution des deux articles précédents fixera le délai dans lequel le contrevenant sera tenu de démolir, enlever les décombres, et rétablir à ses frais l'ancien état des lieux.

Il sera notifié à la partie intéressée par les gardes des fortifications, avec sommation d'exécuter, faute de quoi il y sera procédé d'office.

A défaut d'exécution après l'expiration des délais, la démolition aura lieu, à la diligence de l'autorité militaire, en présence du maire ou de son adjoint, requis à cet effet.

Les démolitions, déblais et remblais seront effectués et la dépense constatée dans les formes établies pour les travaux des fortifications; le compte de ces dépenses sera transmis par le directeur des fortifications au préfet du département, qui en fera poursuivre le recouvrement, conformément à la loi du 10 mai 1802.

ART. 15. — Les indemnités prévues par les articles 18,

19, 20, 24, 33 et 38 de la loi du 10 juillet 1791, seront fixées dans les formes prescrites par la loi du 8 mars 1810, et préalablement acquittées conformément à l'article 10 de la Charte constitutionnelle.

Art. 16. — Les dispositions des lois existantes auxquelles il n'est pas formellement dérogé par la présente loi, continueront d'avoir leur plein et entier effet.

La présente loi discutée, délibérée et adoptée par la Chambre des pairs et par celle des députés, et sanctionnée par nous cejourd'hui, sera exécutée comme loi de l'Etat; voulons, en conséquence, qu'elle soit gardée et observée dans tout notre royaume, terres et pays de notre obéissance.

Si donnons en mandement à nos Cours et Tribunaux, préfets, corps administratifs et tous autres, que les présentes ils gardent et maintiennent, fassent garder, observer et maintenir, et pour les rendre plus notoires à tous nos sujets, ils les fassent publier et enregistrer partout où besoin sera : car tel est notre plaisir; et afin que ce soit chose ferme et stable à toujours, nous y avons fait mettre notre scel.

Donné au château de Saint-Cloud, le 17e jour du mois de juillet de l'an de grâce 1819, et de notre règne le vingt-cinquième.

Signé : Louis.

Vu et scellé du Grand-Sceau :

Le Garde des sceaux de France, Ministre Secrétaire d'Etat au département de la justice,

Signé : H. de Serre.

Par le Roi :

Pour le Ministre de la Guerre par intérim, le Président du Conseil des Ministres,

Signé : le marquis Dessolle.

LOI

RELATIVE AU CLASSEMENT DES PLACES DE GUERRE ET AUX SERVITUDES MILITAIRES.

10 *juillet,* 15 *mars,* 23 *juin* 1851.

L'Assemblée nationale a adopté la loi dont la teneur suit :

Article 1er. — Nulle construction de nouvelles places de guerre ou de nouvelles enceintes fortifiées, et nulle suppression ou démolition de celles qui existent ne pourront être ordonnées qu'après l'avis d'une commission de défense, et en vertu d'une loi.

Nul ouvrage nouveau à ajouter à une enceinte fortifiée, nul fort, batterie ou autre ouvrage défensif ayant un caractère permanent, ne pourront être entrepris que lorsqu'un crédit spécial aura été ouvert, à cet effet, à l'un des chapitres du budget.

Les améliorations partielles à faire aux fortifications existantes, lorsqu'elles ne devront apporter aucune extension au tracé du polygone formé par les saillants d'une enceinte fortifiée, pourront être ordonnées par le ministre de la guerre, sur les fonds qui sont portés annuellement au budget pour les réparations et améliorations des places fortes.

Art. 2. — La loi qui ordonnera la construction d'une nouvelle place de guerre ou d'une nouvelle enceinte fortifiée spécifiera, en même temps, la série dans laquelle cette place ou cette enceinte devra être rangée pour l'application des servitudes défensives.

Les ouvrages qui seront ajoutés à une enceinte fortifiée, les forts, batteries ou autres ouvrages défensifs ayant un caractère permanent, ne pourront être classés ou donner lieu à une extension quelconque des servitudes existantes qu'en vertu d'une disposition législative.

Art. 3. — Le projet de loi ou la demande de fonds à présenter, par suite des dispositions des deux premiers paragraphes de l'article 1er seront accompagnés de l'état estimatif de la dépense, et d'un plan indiquant le tracé de l'enceinte fortifiée ou de l'ouvrage projeté.

Ce plan indiquera, en outre, la série à laquelle cette enceinte ou cet ouvrage devront appartenir, et le tracé des zônes de servitudes que le ministre de la guerre proposera de leur appliquer.

Art. 4. — Le classement d'une place de guerre ou d'un poste militaire s'étendra à tous les ouvrages extérieurs situés à moins de 250 mètres des chemins couverts, ou des dehors quand il n'y a pas de chemins couverts.

Les ouvrages détachés, c'est-à-dire ceux qui sont situés à plus de 250 mètres, seront classés séparément.

Sont compris sous les dénominations de dehors tous les ouvrages, tels que demi-lunes, contre-gardes, ouvrages à corne, à couronne, ou tous autres qui sont enveloppés par la même contrescarpe que le corps de place.

Art. 5. — Le tableau des places de guerre et des postes militaires annexé à l'ordonnance du 1er août 1821 sera remplacé par le nouveau tableau joint à la présente loi.

La première série de ce tableau correspond, pour l'application des servitudes, à la première et à la seconde classe de la loi du 10 juillet 1791, mais elle ne comprend aucun poste. La seconde série correspond à la troisième classe ; elle comprend tous les postes.

Art. 6. — Le classement des places de guerre ne pourra être modifié qu'en vertu d'une loi.

Toutefois, lorsqu'il sera possible de réduire l'étendue des zônes de servitudes du côté de quelque centre important de population sans compromettre la défense ou porter atteinte aux intérêts du trésor, cette réduction pourra être prononcée par un décret du Président de la République.

La largeur de la rue militaire, telle qu'elle est définie par les articles 15 et 16 du titre Ier de la loi du 10 juillet 1791 pourra aussi être réduite par un décret du Président de la République.

Art. 7. — Les servitudes défensives résultant du nouveau classement auront leur effet à partir du jour de la promulgation de la présente loi.

Art. 8. — Les dispositions relatives au plan de circonscription des zônes de servitudes et à l'état descriptif, contenues dans les paragraphes 2 et 3 de l'article 8 et dans l'article 9 de la loi du 17 juillet 1819 sont abrogées.

Un règlement d'administration publique réunira et coordonnera dans leur ensemble toutes les dispositions des lois concernant les servitudes imposés à la propriété autour des fortifications, précisera les mesures d'exécution.

Art. 9. — Continueront d'être observées les dispositions des lois existantes non abrogées par la présente loi.

Le Président et les Secrétaires de l'Assemblée nationale,

(Suivent les signatures.)

PLACES DE GUERRE. — CLASSEMENT. — FORTIFICATIONS.
— SERVITUDES MILITAIRES

RAPPORT ET DÉCRET impérial sur le classement des Places de guerre et des Postes militaires, et sur les Servitudes imposées à la propriété autour des fortifications. (Bull. offi., 91, n° 780.)

10 août 1853 (promulg. le 23 sept).

RAPPORT A L'EMPEREUR.

SIRE,

La loi du 10 juillet 1851, relative au classement des places de guerre et aux servitudes militaires, dispose :

« ART. 8. — Un règlement d'administration publique « réunira et coordonnera dans leur ensemble toutes les « dispositions des lois concernant les servitudes imposées « à la propriété autour des fortifications et précisera les « mesures d'exécution. »

Le projet de ce règlement, élaboré d'abord par le comité des fortifications, a été soumis, par ordre de Votre Majesté, au Conseil d'Etat, qui, après une discussion approfondie et d'importantes modifications, l'a adopté définitivement dans sa séance du 13 juillet 1853.

A ce règlement est annexé un tableau des places de guerre et des postes militaires.

Ce tableau n'est que la reproduction de celui qui était annexé à la loi du 10 juillet 1851, et dont on a fait disparaître quelques erreurs ou omissions peu importantes. Il range dans la deuxième série les forts de Lyon et ceux du nouveau système de défense du Havre, et classe dans la première la nouvelle enceinte de Toulon.

Le nouveau règlement que j'ai l'honneur de placer sous les yeux de Votre Majesté sauvegarde les intérêts de la défense, en même temps qu'il consacre plusieurs dispositions nouvelles entièrement favorables aux intérêts particuliers. Il est destiné à améliorer d'une manière notable une branche importante de la législation militaire, et je ne puis que prier Votre Majesté de vouloir bien le revêtir de sa signature, ainsi que le tableau qui y est annexé.

Le Maréchal de France, Ministre, secrétaire d'Etat de la Guerre,

Signé : A. DE SAINT-ARNAUD.

DÉCRET.

NAPOLÉON, etc., — Vu les articles 6 et 56 de la Constitution ; — Vu les ordonnances des 16 juillet 1670, 14 août 1680, 9 décembre 1713, 7 février 1744, 31 décembre 1776, et autres, portant défense de bâtir et de faire, sans permission, des déblais et remblais dans un rayon déterminé en avant des fortifications ; — Vu la loi du 10 juillet 1791, concernant la conservation et le classement des places de guerre et postes militaires ; — Vu l'arrêté du gouvernement, du 22 germinal an IV, le décret du 9 décembre 1811 et la loi du 17 juillet 1819, concernant les servitudes imposées à la propriété dans l'intérêt de la défense de l'Etat, la police des fortifications et les constructions projetées dans le rayon des enceintes fortifiées ; — Vu les lois des 19 mai 1802, 29 mars 1806 et 23 mars 1842, et les décrets des 19 et 24 décembre 1811 et 29 août 1813, concernant les délits commis dans les établissements du département de la guerre, les contraventions en matière de grande voirie et le service des états-majors des places; — Vu l'ordonnance du 1er août 1821, qui règle le mode d'exécution de la loi du 17 juillet 1819; — Vu la loi du 10 juillet 1851, relative aux mêmes objets; — Sur le rapport de notre ministre secrétaire d'Etat au département de la guerre; — Notre Conseil d'Etat entendu,

Avons décrété et décrétons ce qui suit :

TITRE I. — CLASSEMENT DES FORTIFICATIONS.

ARTICLE 1er. — Les places de guerre et les postes militaires sont classés, pour l'application des servitudes défensives, conformément au tableau annexé au présent décret.

Ce tableau est divisé en deux séries, dont la première correspond, pour cette application, à la première et à la deuxième classe spécifiées dans la loi du 10 juillet 1791, mais sans comprendre aucun poste, et dont la deuxième correspond à la troisième classe et comprend tous les postes.

ART. 2. — Le tableau de classement pour les servitudes défensives ne peut être modifié qu'en vertu d'un décret.

ART. 3. — Le décret qui ordonne la construction d'une nouvelle place de guerre ou d'une nouvelle enceinte fortifiée, classe en même temps cette place ou cette enceinte, et spécifie la série dans laquelle elle doit être rangée pour l'application des servitudes défensives.

Les ouvrages ajoutés à une enceinte fortifiée, les forts, batteries ou autres ouvrages défensifs ayant un caractère permanent, ne peuvent être classés ou donner lieu à une extension quelconque de servitude qu'en vertu d'un décret.

Les servitudes sont applicables du jour de la publication du décret de classement.

Ce décret de classement est accompagné d'un plan indiquant, avec le tracé de la fortification, les limites des terrains qui doivent être soumis aux servitudes.

ART. 4. — Les décrets relatifs soit à des constructions nouvelles des places ou postes de guerre, soit à la suppression ou démolition de ceux actuellement existants, soit à des changements dans le classement ou dans l'étendue desdites places ou postes, sont, ainsi que tous ceux qui sont mentionnés dans le présent règlement, insérés au *Bulletin des Lois*.

A la réception du *Bulletin des Lois*, les préfets les font immédiatement publier dans les communes intéressées.

TITRE II. — SERVITUDES DÉFENSIVES AUTOUR DES FORTIFICATIONS.

SECTION Ire. — *Servitudes relatives aux nouvelles constructions.*

ART. 5. — Les servitudes défensives autour des places et des postes s'exercent sur les propriétés qui sont comprises dans les trois zônes commençant toutes aux fortifications, et s'étendant respectivement aux distances de 250 mètres, 487 mètres et 974 mètres pour les places, et 250 mètres, 487 mètres et 584 mètres pour les postes.

ART. 6. — Lorsqu'il est possible de réduire l'étendue des zônes de servitudes du côté de quelque centre important de population, sans compromettre la défense ou porter atteinte aux intérêts du Trésor, cette réduction est prononcée par un décret.

Le mode d'exécution de ce décret a lieu conformément à ce qui est prescrit à l'article 4 du présent règlement.

Art. 7. — Dans la première zône de servitudes autour des places et des postes classés, il ne peut être fait aucune construction de quelque nature qu'elle puisse être, à l'exception, toutefois, de clôtures ou haies sèches ou en planches à claire-voie, sans pans de bois ni maçonnerie, lesquelles peuvent être établies librement.

Les haies vives et les plantations d'arbres ou d'arbustes formant haies sont spécialement interdites dans cette zône.

Art. 8. — Au delà de la première zône jusqu'à la limite de la deuxième, il est également interdit, autour des places de la première série, d'exécuter aucune construction quelconque en maçonnerie ou en pisé. Mais il est permis d'élever des constructions en bois et en terre, sans y employer de pierres ni de briques, même de chaux ni de plâtre, autrement qu'en crépissage, et à la charge de les démolir immédiatement, et d'enlever les décombres et matériaux, sans indemnité, à la première réquisition de l'autorité militaire, dans le cas où la place, déclarée en état de guerre, serait menacée d'hostilités.

Dans la même étendue, c'est-à-dire entre les limites de la première et de la deuxième zône, il est permis, tout autour des places de la deuxième série et des postes militaires, d'élever des constructions quelconques. Mais, le cas arrivant où ces places et postes sont déclarés en état de guerre, les démolitions qui sont jugées nécessaires n'entraînent aucune indemnité pour les propriétaires.

Art. 9. — Dans la troisième zône de servitudes des places et des postes, il ne peut être fait aucun chemin, aucune levée ni chaussée, aucun exhaussement de terrain, aucune fouille ou excavation, aucune exploitation de carrière, aucune construction au-dessous du niveau du sol, avec ou sans maçonnerie, enfin aucun dépôt de matériaux, ou autres objets, sans que leur alignement et leur position n'aient été concertés avec les officiers du génie, et que, d'après ce concert, le Ministre de la guerre n'ait déterminé ou fait déterminer par un décret les conditions auxquelles les travaux doivent être assujettis dans chaque cas particulier, afin de concilier les intérêts de la défense avec ceux de l'industrie, de l'agriculture et du commerce.

Dans la même étendue, les décombres provenant des bâtisses et autres travaux quelconques ne peuvent être déposés que dans les lieux indiqués par les officiers du génie; sont exceptés toutefois de cette disposition ceux des détritus destinés à servir d'engrais aux terres, et pour les dépôts desquels les particuliers n'éprouvent aucune gêne, pourvu qu'ils évitent de les entasser.

Enfin, dans la même zône, il est défendu d'exécuter aucune opération de topographie sans le consentement de l'autorité militaire. Ce consentement ne peut être refusé lorsqu'il ne s'agit que d'opérations relatives à l'arpentage des propriétés.

Section. II. — *Servitudes concernant les constructions existantes.*

Art. 10. — Les reconstructions totales de maisons, clôtures et autres bâtisses, sont soumises aux mêmes prohibitions que les constructions neuves, quel qu'ait pu ou que puisse être la cause de la destruction.

Les restaurations de bâtiments, clôtures et autres ouvrages tombant par vétusté ou pour une cause quelconque, constituent des reconstructions totales, lors même qu'on voudrait, dans ces restaurations, conserver quelques parties des anciennes constructions.

Entretien des bâtisses en bois ou en bois et terre.

Art. 11. — Les bâtisses en bois ou en bois et terre existant dans la limite de 487 mètres, ne peuvent être entretenues dans leur état actuel qu'autant qu'il n'est apporté aucun changement dans leurs formes et leurs dimensions, et que sous les restrictions expresses :

1° Que les matériaux de réparation et de reconstruction partielle sont de même nature que ceux précédemment mis en œuvre ;

2° Que la masse des constructions existantes n'est point accrue.

Entretien des bâtisses en maçonnerie.

Art. 12. — La disposition qui précède s'applique aussi, pour les places de la deuxième série et des postes militaires, aux constructions en maçonnerie situées au-delà de la première zône, jusqu'à la limite de 487 mètres.

Les bâtisses en maçonnerie situées dans la zône de 250 mètres des places et des postes, ou dans celle de 487 mètres des places de la première série, ne peuvent être entretenues librement, dans leur état actuel, qu'à la charge expresse de les soumettre aux restrictions mentionnées à l'article 11, et de ne faire en outre aucun des travaux de la nature de ceux qui sont légalement prohibés en matière de voirie, c'est-à-dire de reprises en sous-œuvre, de grosses réparations et autres travaux confortatifs,

Soit à leurs fondations ou à leur rez-de-chaussée, s'il s'agit de bâtiments d'habitation ;

Soit, pour les simples clôtures, jusqu'à moitié de leur hauteur, mesurée sur leur parement extérieur ;

Soit, pour toutes les autres constructions, jusqu'à 3 mètres au-dessus du sol extérieur.

Ces derniers travaux ne peuvent être exécutés qu'autant que le propriétaire fournit la preuve que la bâtisse existait, dans sa nature et ses dimensions actuelles, antérieurement à l'époque de l'établissement des servitudes dont elle est grevée, ou justifie qu'elle a déjà fait l'objet d'un engagement de démolition sans indemnité, pour le cas prévu à l'article 8, ou, enfin, à défaut de l'une ou de l'autre de ces justifications, souscrit préalablement l'engagement dont il s'agit.

SECTION III. — *Exceptions.*

ART. 13. — Peuvent être exécutés dans les zônes de servitudes, par exception aux prohibitions des deux premières sections :

1° Au-delà de la première zône des places et des postes, les socles en maçonnerie ou en pierre, isolés ou servant de base à d'autres constructions, et ne dépassant pas 50 centimètres en hauteur et en épaisseur ;

2° Les fours de boulangerie et les fourneaux ordinaires de petites dimensions nécessaires dans les bâtiments d'habitation ;

3° Les cheminées ordinaires en briques ou en moellons dans les pignons et les refends des mêmes bâtiments construits en bois ou en bois et terre, pourvu que la largeur de la maçonnerie n'excède pas 1 mètre 50 centimètres pour chaque pignon et chaque refend, et qu'on se conforme, en outre, aux usages locaux, tant pour les dimensions que pour la nature des matériaux ;

4° Les cloisons légères de distribution : en bois, à l'intérieur des bâtisses construites en bois et terre, couvertes et fermées de tous côtés ; en plâtre ou en briques de champ, dans les mêmes constructions en maçonnerie; dans aucun cas, leur épaisseur ne peut dépasser 8 centimètres, tout compris ;

5° Le remplacement des couvertures en chaume ou en bardeaux par des couvertures légères en ardoises ou en zinc, et même en tuiles, pourvu qu'il ne soit point apporté de changement à la forme de la toiture ;

6° Les murs de soutènement adossés au terrain naturel, sur toute la hauteur, sans déblais ni remblais créant des couverts ou augmentant ceux qui existent ;

7° Au-delà de la première zône, les caves, les citernes et les autres excavations couvertes, pratiquées au-dessous du sol, que le directeur des fortifications juge sans inconvénient pour la défense ;

8° Enfin, les puits avec margelle de 80 centimètres au plus de hauteur.

Sont également tolérés à la charge de démolition de la totalité de la construction, sans indemnité, dans le cas prévu à l'article 8 :

1° Les reculements, exigés par le service de la voirie, d'une façade ou d'un pignon dépendant d'une construction couverte, pourvu qu'on emploie dans cette opération des matériaux de même nature que ceux précédemment mis en œuvre ;

2° Les ponts en bois sur les fossés ou sur les cours d'eau non navigables ni flottables, quand leur tablier ne s'élève pas de plus de 50 centimètres au-dessus du sol, sur chaque rive ;

Enfin, les baraques en bois, mobiles sur roulettes, ayant au plus 2 mètres de côté et 2 mètres cinquante de hauteur de faîtage extérieurement, et susceptibles d'être traînées par deux hommes, sont permises à la condition de n'en établir qu'une seule par propriété, et de prendre l'engagement de l'enlever, en toute circonstance, à la première réquisition de l'autorité militaire.

Art. 14. — Les moulins et autres semblables usines en bois ou en maçonnerie peuvent être exceptionnellement autorisés par le ministre de la guerre dans les zônes de prohibition, à la condition de n'être élevés que d'un rez-de-chaussée, et qu'en cas de guerre il ne sera accordé aucune indemnité pour démolition.

La permission ne peut, toutefois, être accordée qu'après que le chef du génie, l'ingénieur des ponts et chaussées et le maire ont reconnu, de concert, et par un procès-verbal, que l'usine est d'utilité publique, et que son emplacement est déterminé par quelque circonstance locale qui ne se peut rencontrer ailleurs.

Elle n'est valable qu'en ce qui concerne le service militaire, et ne dispense pas de l'accomplissement des formalités à remplir vis-à-vis des autres administrations publiques et des tiers intéressés.

Art. 15. — Indépendamment des exonérations résultant des réductions de limites mentionnées à l'article 6, des décrets déterminent, dans l'étendue des zônes de servitudes, les terrains pour lesquels, à raison des localités, il est possible, sans nuire à la défense, de tolérer, par exception aux dispositions des articles 7 et 8, l'exécution de bâtiments, clôtures et autres ouvrages.

Art. 16.—Le ministre de la guerre peut, suivant les localités et les besoins de la défense, autoriser, à la condition de démolition sans indemnité, dans le cas prévu à l'art. 8, la clôture des cimetières situés dans les zônes de prohibition :

1° Par des murs en maçonnerie ou en terre, lesquels, à moins de circonstances particulières, ne devront avoir au maximum que 2 mètres 50 centimètres d'élévation au-dessus du sol et 50 centimètres, au plus, d'épaisseur à la base;

2° Par des grilles en fer ou des clôtures en bois pleines ou à claire-voie, avec ou sans socles, soutenues de distance en distance à l'aide de poteaux en bois ou de piliers en maçonnerie de 50 centimètres au plus de côté, lesquels seront espacés d'au moins 4 mètres d'axe en axe. Dans les clôtures à claire-voie en bois, les lattis seront distants entre eux de manière à laisser au moins autant de vide que de plein.

Le ministre de la guerre peut aussi permettre à l'intérieur des cimetières, aux conditions qu'il juge convenables dans l'intérêt de la défense, et toujours sous la condition précitée de démolition sans indemnité :

1° La construction de bâtiments de service de petites dimensions;

2° L'exécution de monuments, tombeaux et autres signes funéraires.

Ces autorisations particulières ne sont pas, d'ailleurs, nécessaires lorsqu'il s'agit :

1° De caveaux dont la maçonnerie ne s'élève pas à plus de 50 centimètres au-dessus du sol ;

2° De pierres tumulaires horizontales ne dépassant pas cette même hauteur de 50 centimètres ;

3° De pierres d'inscription verticales ou pyramidales, de colonnes sépulcrales et d'urnes funéraires ou autres petits monuments de toute forme en maçonnerie, n'ayant au maximum que 1 mètre 50 centimètres d'élévation, socle compris, et 50 centimètres d'épaisseur ;

4° De grilles ou de balustrades d'entourage en bois ou en fer, avec ou sans socle, de 1 mètre 50 centimètres au plus d'élévation totale.

Il ne peut être établi de cimetières, dans la zône de servitude de 487 mètres, avant que le ministre de la guerre n'ait été consulté, au point de vue des intérêts de la défense, sur le choix de l'emplacement proposé.

SECTION IV. — *Bornage des zônes de servitude et des polygones exceptionnels.*

ART. 17.—Les distances mentionnées à l'article 5, pour la détermination des zônes de servitudes, sont comptées à partir de la crête des parapets des chemins couverts les plus avancés, ou des murs de clôture ou d'escarpe, lorsqu'il n'y a pas de chemin couvert, ou enfin, quand il n'y a ni chemin couvert, ni mur de clôture ou d'escarpe, à partir du mur de la crête intérieure des parapets des ouvrages.

ART. 18.—Ces distances sont mesurées sur les capitales de l'enceinte, des dehors et des ouvrages extérieurs. Leurs points extrêmes sont fixés par des bornes qui, réunies de proche en proche par des lignes droites, servent de limites extérieures aux zônes de servitudes.

Peuvent être considérées comme capitales, suivant les circonstances :

1° Les lignes qui divisent en deux parties égales les angles saillants d'un ouvrage ;

2° Celles qui réunissent ces angles saillants aux angles correspondants du chemin couvert ;

3° Celles qui partagent en deux portions égales les angles de la gorge d'une pièce de fortification ou les angles que cette gorge fait avec les parties latérales de l'ouvrage.

Pour les ouvrages curvilignes et autres qui n'ont pas de capitale, les distances peuvent être mesurées sur des perpendiculaires aux escarpes et aux lignes de feu ou de gorge.

Les capitales et les autres lignes indiquées ci-dessus, comme pouvant servir à la délimitation, sont choisies de manière que les périmètres des zônes forment des polygones les moins irréguliers possible, et que nulle part les limites des zônes ne se trouvent plus rapprochées d'un point quelconque des chemins couverts, murs de clôture ou d'escarpes, ou crêtes intérieures de parapet, que ne l'exigent les distances mentionnées à l'article 5.

Ce choix est fait par le ministre de la guerre.

Art. 19. — Le chef du génie et l'ingénieur des ponts et chaussées, en présence du maire et de son adjoint, fait procéder sur le terrain, aux frais du gouvernement, contradictoirement avec les propriétaires intéressés dûment appelés par voie d'affiches ou autres moyens de publication en usage, aux bornages des zônes de servitudes et des polygones exceptionnels, conformément au plan arrêté par le ministre de la guerre.

Les bornes sont rattachées à des points fixes et rapportées sur un plan dit de délimitation.

Ce plan est établi à l'échelle de 1,005 millièmes ; mais on peut y annexer, pour les polygones exceptionnels, des plans particuliers à une plus grande échelle. Il ne donne, d'ailleurs, ainsi que ces derniers plans, que le tracé des limites et les points de repère.

Les maires, sur l'invitation du chef du génie, sont tenus de prêter appui aux opérations de la délimitation et du bornage, et de fournir aux agents de l'autorité militaire les indications et les documents qui sont réclamés.

Art. 20. — Il est dressé par le chef du génie et par l'ingénieur des ponts et chaussées, un procès-verbal de bornage, sur lequel le maire ou son adjoint peut consigner ses observations. Ce procès-verbal, ainsi que le plan de délimitation et ses annexes, sont déposés pendant trois mois à la mairie de la place ou du poste, pour que chacun puisse en prendre connaissance. Avis de ce dépôt est donné aux parties intéressées, par voie d'affiches ou autres moyens de publication en usage.

Les parties intéressées ont trois mois, à la date de cet avis, pour se pourvoir devant le conseil de préfecture contre l'opération matérielle du bornage.

Le conseil de préfecture statue, sauf recours au Conseil d'Etat, après avoir fait faire au besoin, sur les lieux, les vérifications nécessaires par les ingénieurs civils et militaires.

Les réclamants ont le droit d'être présents à ces vérifications et doivent y être dûment appelés. Ils peuvent s'y faire assister par un arpenteur, et leurs observations sont consignées au procès-verbal qui constate l'opération.

Art. 21. — Dès qu'il a été définitivement statué sur les réclamations des parties intéressées, le plan de délimitation, ses annexes et le procès-verbal de bornage sont adressés par le directeur des fortifications au ministre de la guerre, qui les fait homologuer et rendre exécutoires par un décret ; aucun changement ne peut être ensuite apporté à ces pièces, qu'en se conformant de nouveau à toutes les formalités ci-dessus prescrites.

Une expédition desdites pièces est déposée dans le bureau du génie de la place, et une autre expédition à la sous-préfecture où chacun peut en prendre connaissance.

Il est défendu, sous les peines portées par les lois et les règlements, aux sous-préfets et à leurs agents, de laisser déplacer les plans dont il s'agit, ni d'en laisser prendre copie ou extrait, par quelque motif ou sous quelque prétexte que ce soit.

En temps de guerre, si le chef-lieu de la sous-préfecture

est dans une ville ouverte, les plans sont transportés dans le bureau du génie de la place la plus voisine. Il en est de même, en cas de siége, pour les plans en dépôt dans les chefs-lieux qui sont places de guerre.

TITRE III.—SERVITUDES RELATIVES AU TERRAIN MILITAIRE FORMANT LA ZONE DES FORTIFICATIONS ET BORNAGE DE CE TERRAIN.

Art. 22. — La zône des fortifications, tant des places et des postes que des ouvrages, s'étend depuis la limite intérieure de la rue militaire ou du rempart jusqu'aux lignes qui terminent les glacis, et comprend, s'il y a lieu, les terrains extérieurs annexes de la fortification, tels que les esplanades, avant-fossés, et autres ayant une destination défensive.

Elle est inaliénable et imprescriptible, et les constructions particulières y sont prohibées.

Art. 23. — La rue militaire est établie pour assurer intérieurement une libre communication le long des remparts, parapets ou murs de clôture des ouvrages de fortification. Les habitants en ont l'usage, en se conformant aux règlements concernant la police de la place et la voirie urbaine.

Elle est limitée du côté de l'intérieur :

En arrière des courtines, par une ligne tracée parallèlement au pied du talus ou du mur de soutènement du rempart, ou bien du talus de banquette, s'il n'y a qu'un simple parapet, à la distance de sept mètres soixante et dix-neuf centimètres de ce pied de talus ou de mur; et, s'il n'existe qu'une clôture ou un parapet sans banquette, par une parallèle au pied intérieur de cette clôture ou de ce parapet, à la distance de neuf mètres soixante et quatorze centimètres ;

En arrière des bastions et des redans, par une ligne distante de sept mètres soixante et seize centimètres de la gorge de l'ouvrage.

Sur les points où l'intervalle compris entre les lignes précitées et les propriétés particulières bordant la voie publique a une largeur plus grande que celle que prescrit la disposition qui précède, il n'est rien changé aux dimensions actuelles de la rue du rempart.

La rue militaire, telle qu'elle est définie ci-dessus, ne peut-être réduite que par un décret rendu sur le rapport du ministre de la guerre.

Les autorités civiles peuvent lui faire assigner des limites plus étendues, par voie d'alignement, dans l'intérêt de la circulation, en se conformant aux prescriptions de la loi du 16 septembre 1807 et du décret du 24 mars 1852.

Art. 24. — Toute personne qui possède actuellement des maisons, bâtisses ou clôtures débordant la limite intérieure de la rue militaire, continue d'en jouir sans être inquiétée, en se conformant aux dispositions des articles 11 et 12 ci-dessus ; mais dans le cas de démolition desdites maisons, bâtisses ou clôtures, pour une cause quelconque, elle est tenue de se reculer sur l'alignement fixé.

Lorsque la construction n'est comprise qu'en partie dans la limite intérieure de la zône des fortifications, la restriction ci-dessus ne portera que sur les portions qui empiètent sur l'alignement de la rue du rempart.

Au fur et à mesure que les emplacements ainsi occupés par des particuliers cessent d'être bâtis ou clos, ils sont réunis de plein droit à la fortification, sans qu'il soit besoin d'un décret déclaratif d'utilité publique, et les particuliers sont indemnisés de la valeur du sol, s'ils justifient qu'ils en sont possesseurs à titre légitime.

Art. 25. — Les prescriptions ci-dessus des articles 19, 20 et 21, concernant le bornage et l'homologation du plan de délimitation des zônes de servitudes, sont applicables au bornage et à l'homologation du plan spécial de la circonscription du terrain militaire formant la zône des fortifications. Ce dernier plan est, au besoin, à l'échelle de un millième, et ne donne aucun détail sur les constructions existantes, non plus que sur la propriété des terrains; il peut être fait et homologué par parties.

TITRE IV. — DÉCLARATIONS, DEMANDES, PERMISSIONS, SOUMISSIONS ET CERTIFICATS.

Art. 26. — Les travaux qui sont l'objet d'une autorisation générale (art. 7, 8, 11, 12, 13 et 24) ne peuvent être entrepris, même ceux de simple entretien, qu'après que la déclaration en a été faite au chef du génie.

Cette déclaration est accompagnée d'une soumission de démolition sans indemnité dans les circonstances prévues à l'article 8, lorsqu'il s'agit :

1° De bâtisses en bois au delà de la limite de la première zône, pour toutes les places et tous les postes (art. 8);

2° De bâtisses en maçonnerie au delà de la même limite, pour les places de la deuxième série et les postes militaires (art. 8);

3° De travaux confortatifs et de grosses réparations légalement prohibés en matière de grande voirie, aux bâtisses en maçonnerie situées dans la zône de 250 mètres des places et des postes, ou dans celle de 487 mètres des places de la première série, lorsque la construction n'a pas déjà fait l'objet d'une soumission, ou que le propriétaire ne peut prouver qu'elle existe antérieurement à l'établissement des servitudes dont elle est grevée (art. 12) ;

4° Des mêmes travaux dans les mêmes conditions, pour les constructions ou portions de constructions qui empiètent sur les limites de la rue militaire (art. 24) ;

5° De reculement de façade ou de pignon par mesure de voirie (art. 13) ;

6° De ponts en bois sur les fossés et cours d'eau non navigables ni flottables (art. 13).

Par exception, les dépôts d'engrais ainsi que les dépôts de décombres dans les endroits désignés d'avance par le chef du génie, et les caveaux et signes funéraires de petites dimensions, énoncés à l'article 16, ne sont soumis à aucune formalité.

Enfin, les baraques mobiles en bois donnent lieu à une soumission de démolition en toute circonstance et sans indemnité (art. 13).

Art. 27. — Nuls travaux nécessitant une permission spéciale (art. 9, 14, 15 et 16), ne peuvent être commencés qu'après l'accomplissement des formalités suivantes :

1° Production d'une demande sur papier timbré indiquant l'espèce des travaux, la position et les principales dimensions de la construction, ainsi que la nature des matériaux ;

2° Permission du directeur des fortifications énonçant les conditions auxquelles elle est accordée lorsqu'il s'agit de constructions comprises dans un polygone exceptionnel ; et, dans les autres cas, permission du ministre ;

3° Soumission par laquelle le propriétaire s'engage à remplir les conditions imposées, et à démolir sa construction sans indemnité, dans le cas prévu à l'article 8.

Art. 28. — Les soumissions concernant les servitudes défensives sont faites en double sur papier timbré; elles ne sont assujetties qu'au droit fixe d'un franc pour l'enregistrement, décime en sus, et leur effet subsiste indéfiniment sans qu'il soit besoin de les renouveler.

Lorsqu'il s'agit de travaux à des bâtisses existantes, la soumission s'étend à la totalité de la construction, et non pas seulement à la partie réparée ou améliorée.

Dans tous les cas, la signature du soumissionnaire doit être légalisée par le maire, et celle du maire par le sous-préfet ou le préfet.

Une expédition des soumissions souscrites est envoyée au ministère de la guerre, et l'autre reste déposée au bureau du génie de la place.

Art. 29. — Dans les vingt-quatre heures qui suivent l'accomplissement des diverses formalités ci-dessus prescrites, le chef du génie délivre à la partie intéressée, pour le cas de permission spéciale, une copie certifiée de l'autorisation accordée, contenant l'énoncé des clauses et des conditions imposées; et, pour le cas d'autorisation générale, un certificat constatant que toutes les formalités exigées ont été remplies.

Toute permission spéciale dont il n'a point été fait usage dans le délai d'un an, à partir de la date du certificat délivré, est considérée comme nulle et non avenue.

TITRE V. — REGISTRES, PLANS ET ÉTATS DESCRIPTIFS CONCERNANT LES CONSTRUCTIONS PRÉEXISTANTES.

Art. 30. — Aussitôt après l'homologation du plan de délimitation des zônes de servitudes, ou du plan de circonscription de la zône des fortifications, le chef du génie fait déposer à la mairie de la place un registre coté et paraphé par le directeur des fortifications. Ce registre est destiné à recevoir les déclarations des propriétaires, lesquels doivent affirmer, d'une part, que leurs constructions existaient dans leur nature et leurs dimensions actuelles avant que le sol sur lequel elles se trouvent ne fût soumis aux servitudes défensives ; et, de l'autre, qu'elles n'ont fait, depuis cette époque, l'objet d'aucune soumission de démolition sans indemnité.

Le dépôt de ce registre est porté à la connaissance des propriétaires par trois publications, faites de mois en mois, dans les communes intéressées, à l'aide d'affiches ou autres modes de publication en usage dans la localité. La signature de chaque propriétaire est légalisée par le maire.

Art. 31. — Sur les rapports des officiers du génie, dressés d'après les titres produits par les déclarants, et les documents que fournissent les archives de la place, le ministre de la guerre fait connaître s'il admet la priorité d'existence de la construction, ou s'il trouve que les pièces fournies sont insuffisantes ou inadmissibles pour établir la preuve de priorité.

La décision du ministre est transcrite sur le registre, en regard ou à la suite des déclarations, et la transcription est certifiée par le chef du génie, qui en informe le propriétaire.

Art. 32. — Les particuliers à l'égard desquels le ministre déclare les pièces insuffisantes ou inadmissibles conservent le droit de fournir et de faire constater, à toute époque, la preuve de la priorité d'existence, en produisant, à cet effet, leurs titres devant les tribunaux ordinaires.

L'affaire est instruite sommairement comme en matière

domaniale : le département de la guerre y est représenté par un avoué, qui opère d'après les documents que lui transmet le directeur des fortifications.

Le Conseil de préfecture statue, sauf recours au Conseil d'État, s'il s'agit de contestations relatives à l'interprétation des titres administratifs.

L'époque à laquelle remonte l'existence d'un ouvrage de fortification est déterminée par une déclaration du ministre de la guerre, et la décision prise à cet égard ne peut être attaquée que devant le Conseil d'État.

Art. 33. — Le chef du génie fait indiquer, sur un plan pareil au plan de délimitation et de ses annexes, chacune des propriétés dont les constructions ont fait l'objet de déclarations acceptées par le ministre. Cette indication a lieu sans détail, mais porte un numéro d'ordre.

Ce plan est fait en double expédition, l'une pour la mairie et l'autre pour le service militaire ; il est complété chaque année, et signé tous les ans par le maire et par le chef du génie.

Art. 34. — Il est fait, en outre, par propriété, un plan parcellaire des constructions reconnues préexistantes et non soumissionnées, avec l'état descriptif de leur nature et de leurs dimensions. Ce plan et cet état sont rapportés, avec le numéro d'ordre, sur un registre tenu en double et signé comme il est dit ci-dessus.

Si l'une de ces constructions fait plus tard l'objet d'une soumission de démolition sans indemnité, cette circonstance est annotée sur le registre, et l'annotation est certifiée par le chef du génie et par le maire.

Le Conseil de préfecture prononce d'ailleurs, sauf recours au Conseil d'État, sur les réclamations auxquelles donnent lieu les plans parcellaires ou les états descriptifs, après avoir fait faire, par les ingénieurs civils et militaires, les vérifications qu'il juge nécessaires.

TITRE VI. — DÉPOSSESSIONS, DÉMOLITIONS ET INDEMNITÉS.

ART. 35. — La construction des fortifications et les mesures prises pour la défense des places de guerre et des postes militaires peuvent donner lieu à des indemnités poue cause de dépossession, de privation de jouissance et de destruction ou de démolition, dans les cas et suivant les conditions mentionnés dans les articles suivants.

ART. 36. — Il y a lieu à allouer des indemnités de dépossession lorsque des constructions nouvelles de places ou de postes de guerre, ou des changements ou augmentations à ceux qui existent, mettent le Gouvernement dans le cas d'exiger la cession à l'État des propriétés privées par la voie d'expropriation pour cause d'utilité publique.

L'indemnité est réglée dans les formes établies par la loi du 3 mai 1841.

Art. 37. — Il y a lieu à indemnité pour privation de jouissance, pendant l'état de paix, toutes les fois que, par suite de l'exécution de travaux de fortification ou de défense, d'extraction de matériaux, ou pour toute autre cause, l'autorité militaire occupe ou fait occuper temporairement une propriété privée, de manière à y porter dommage ou à en diminuer le produit. Cette occupation ne peut avoir lieu que dans les circonstances et dans les formes déterminées par les lois des 16 septembre 1807, 30 mars 1831 et 3 mai 1841, et l'indemnité est réglée en conformité des prescriptions de ces mêmes lois.

L'état de paix a lieu toutes les fois que la place où le

poste n'est point constitué en état de guerre ou de siége par un décret, par une loi ou par l'effet des circonstances prévues aux articles 38 et 39.

Art. 38. — Lorsqu'une place ou un poste est déclaré en état de guerre, les inondations et les occupations de terrains nécessaires à sa défense ne peuvent avoir lieu qu'en vertu d'un décret, ou, dans le cas d'urgence, des ordres du gouverneur ou du commandant de place, sur l'avis du Conseil de défense, après avoir fait constater, autant que possible, l'état des lieux par des procès-verbaux des gardes du génie ou des autorités locales. Il y a urgence dès que les troupes ennemies se rapprochent à moins de trois journées de marche de la place ou du poste.

L'indemnité pour les dommages causés par l'exécution de ces mesures de défense est réglée aussitôt que l'occupation a cessé.

Les dispositions qui précèdent sont applicables, dans les mêmes circonstances, à la détérioration, à la destruction ou à la démolition de maisons, clôtures ou autres constructions situées sur le terrain militaire ou dans les zônes de servitudes. Seulement, il n'est pas dressé d'état de lieux, et il n'est alloué d'indemnité qu'aux particuliers ayant préalablement justifié, sur titres, que ces constructions existaient, dans leurs natures et leurs dimensions actuelles avant que le sol sur lequel elles se trouvaient fût soumis aux servitudes défensives.

L'indemnité, pour les démolitions faites dans les zônes de servitudes, ne se règle que sur la valeur des bâtisses, sans y comprendre l'estimation du sol qui n'est point acquis par l'État. Si cependant il s'agit d'un terrain couvert par des constructions ou affecté à leur exploitation, l'indemnité peut exceptionnellement porter sur la valeur du sol, et alors l'État en devient propriétaire.

L'état de guerre est déclaré par une loi ou par un décret, toutes les fois que les circonstances obligent à donner à la police militaire plus de force et d'action que pendant l'état de paix.

Il résulte, en outre, de l'une des circonstances suivantes :

1° En temps de guerre, lorsque la place ou le poste est en première ligne ou sur la côte, à moins de cinq journées de marche des places, camp ou positions occupés par l'ennemi ;

2° En tout temps, quand on fait des travaux qui ouvrent une place ou un poste situé sur la côte ou en première ligne ;

3° Lorsque des rassemblements sont formés dans le rayon de cinq journées de marche sans l'autorisation des magistrats.

Art. 39. — Toute occupation, toute privation de jouissance, toute démolition, destruction et autre dommage résultant d'un fait de guerre ou d'une mesure de défense prise soit par l'autorité militaire pendant l'état de siége, soit par un corps d'armée ou un détachement en face de l'ennemi, n'ouvre aucun droit à indemnité.

L'état de siége d'une place ou d'un poste est déclaré par une loi ou par un décret.

Il résulte aussi de l'une des circonstances suivantes :

L'investissement de la place ou du poste par des troupes ennemies qui interceptent les communications du dehors au dedans et du dedans au dehors, à la distance de 3,500 mètres des fortifications ;

Une attaque de vive force ou par surprise ;

Une sédition intérieure ;

Enfin des rassemblements formés dans le rayon d'investissement sans l'autorisation des magistrats.

Dans le cas d'une attaque régulière, l'état de siége ne cesse qu'après que les travaux de l'ennemi ont été détruits et les brèches réparées ou mises en état de défense.

TITRE VII. — RÉPRESSIONS DES CONTRAVENTIONS.

ART. 40.—Les gardes du génie, dûment assermentés, recherchent les contraventions et les constatent aussitôt qu'elles sont reconnues. A cet effet, ils dressent les procès-verbaux qui font foi jusqu'à inscription de faux, conformément à la loi du 29 mars 1806. Ces procès-verbaux doivent être affirmés dans les vingt-quatre heures devant le juge de paix ou le maire du lieu où la contravention a été commise ; ils sont visés pour timbre et enregistrés en débet dans les quatre jours de leur date.

Les gardes du génie opèrent, dans tous les cas, sous l'autorité des officiers du génie chargés des poursuites.

ART. 41.—Les procès-verbaux de contravention sont notifiés sans délai aux contrevenants par les gardes du génie dûment assermentés, avec sommation de suspendre sur-le-champ les travaux indûment entrepris, de démolir la partie déjà exécutée, et de rétablir les lieux dans l'état où ils étaient avant la contravention, ou, en cas d'impossibilité, dans un état équivalent ; le tout dans un délai déterminé d'après le temps que cette opération réclame.

Une notification et une sommation pareilles sont aussi faites à l'architecte, à l'entrepreneur ou au maître ouvrier qui dirige les travaux.

ART. 42.—Si le contrevenant n'interrompt pas ses travaux dans les vingt-quatre heures de la date de l'acte de notification et de sommation, le chef du génie en informe le directeur des fortifications, en lui envoyant cet acte.

Le directeur vise et transmet cette pièce au préfet du département, et demande que le conseil de préfecture prononce immédiatement la suspension des ouvrages commencés.

Sur le vu de cette demande et de l'acte à l'appui, le conseil de préfecture, convoqué d'urgence par le préfet, ordonne sur-le-champ cette suspension par provision, nonobstant toute inscription de faux.

Dans les vingt-quatre heures qui suivent le jugement, le préfet fait parvenir au directeur des fortifications une expédition de l'arrêté du Conseil de préfecture.

Cet arrêté est notifié au contrevenant par le garde du génie; et, dès le lendemain de la notification, nonobstant et sauf toute opposition et tout recours, les officiers et les gardes du génie en assurent l'exécution, même, au besoin, par l'emploi de la force publique.

Art. 43. — Dans le cas où, nonobstant l'acte de notification et de sommation prescrit à l'article 41, le contrevenant ne démolit pas les travaux indûment exécutés, et ne met pas les lieux en l'état spécifié audit acte, le directeur des fortifications adresse au préfet un mémoire de discussion avec plan à l'appui, tendant à obtenir que le Conseil de préfecture prononce la répression de la contravention, conformément aux dispositions consignées dans la sommation.

Ce mémoire est notifié au contrevenant en la forme administrative, avec citation devant le Conseil de préfecture et sommation de présenter ses moyens de défense dans le délai d'un mois; sauf le cas d'inscription de faux, le Conseil de préfecture statue dans le mois suivant.

Toutefois, si le procès-verbal est reconnu incomplet ou irrégulier, en tout ou en partie, et que le Conseil ne trouve pas, dans les autres pièces produites, les renseignements nécessaires, il fait faire préalablement, sur les lieux, par les officiers du génie et les ingénieurs des ponts et chaussées, les vérifications qu'il juge convenables, et il prononce sur le tout dans le mois de la remise qui lui est faite du procès-verbal de vérification.

L'arrêté du Conseil de préfecture, dans les huit jours au plus tard de sa date, est adressé par le préfet au directeur des fortifications.

Cet officier supérieur, si cet arrêté fait droit à ses conclusions, le fait notifier au contrevenant par un garde du génie, avec sommation d'exécuter le jugement dans le délai qui lui est assigné; dans le cas contraire, il en réfère immédiatement au Ministre de la guerre.

Art. 44. — Le Conseil de préfecture fixe le délai dans lequel le contrevenant est tenu de démolir les travaux exécutés, et de rétablir à ses frais les lieux dans l'état où ils étaient avant la contravention, ou, en cas d'impossibilité, dans l'état équivalent déterminé par le Conseil.

Art. 45. — A l'expiration du délai fixé, si le jugement n'a pas été exécuté par le contrevenant, le chef du génie se concerte avec le commandant de place sur l'époque de l'exécution du jugement, et, s'il est nécessaire, sur l'intervention de la force armée, et requiert, en outre, par écrit, le maire de la commune d'être présent à l'opération.

Huit jours à l'avance, un garde du génie, dûment assermenté, notifie au contrevenant le jour et l'heure de l'exécution du jugement, avec sommation d'y assister.

L'exécution a lieu, et les démolitions, déblais et remblais sont effectués comme s'il s'agissait de travaux militaires, soit au moyen des ouvriers de l'entrepreneur des fortifications, soit à l'aide de travailleurs militaires ou civils requis au besoin sur les lieux, en vertu de l'article 24 du titre VI de la loi du 10 juillet 1791.

Le garde du génie constate, par un procès-verbal, les résultats de l'opération et les incidents auxquels elle donne lieu.

Art. 46. — Toutes les dépenses faites pour constater, poursuivre et réprimer une contravention, sont à la charge du contrevenant.

Les officiers du génie tiennent la comptabilité de ces diverses dépenses dans les formes établies pour les travaux de fortification, et, si le contrevenant ne les acquitte pas immédiatement, le chef du génie en dresse le compte, y joint les feuilles de dépense, et envoie le tout, certifié par lui et signé par l'entrepreneur ou par le gérant, au directeur des fortifications, qui le vise et le transmet au préfet du département.

Le préfet arrête le compte de la dépense, le déclare exécutoire, et en fait poursuivre le recouvrement conformément aux dispositions de la loi du 19 mai 1802.

Art. 47. — Les droits de timbre et d'enregistrement en débet sont payés par le contrevenant après le jugement définitif de condamnation. La rentrée de ces droits est suivie par les agents de l'enregistrement.

Art. 48. — Les contrevenants, outre la démolition à leurs frais des ouvrages indûment exécutés, encourent, selon le cas, les peines applicables aux contraventions analogues en matière de grande voirie, conformément à l'article 13 de la loi du 17 juillet 1819.

Art. 49. — L'action publique, en ce qui concerne la peine de l'amende qui serait prononcée par application de l'arrêt du Conseil du 27 février 1765, est prescrite après une année révolue, à compter du jour auquel la contravention a été commise.

Mais l'action principale, à l'effet de faire prononcer la démolition des travaux indûment entrepris, est imprescriptible, dans l'intérêt toujours subsistant de la défense de l'Etat.

TITRE VIII. — DISPOSITIONS DIVERSES.

Art. 50. — Toutes les dispositions antérieures contraires au présent décret et notamment l'ordonnance du 1er août 1821, sur les servitudes défensives, sont abrogées.

Art. 51. — Le ministre secrétaire d'Etat au département de la guerre est chargé de l'exécution du présent décret, qui sera inséré au *Bulletin des Lois*.

(*Suite au* Bull. off., *page 455, le tableau de classement des places de guerre et autres points fortifiés auxquels sont applicables les dispositions du présent décret. — Mais voyez également au* Bulletin, *p.* 937 *et suiv., un autre tableau rectificatif du précédent.*)

QUATRIÈME PARTIE.

—

NOMENCLATURE

des

DIVERS TRAVAUX DE DÉFENSE

avec la signification de chacun des termes techniques.

Nous avons pensé qu'il serait utile, pour l'intelligence des termes usités dans le cours de ce travail, de rappeler à la fin les principaux de ces ouvrages défensifs, en expliquant leur signification et en déterminant le but en vue duquel ils sont employés dans les fortifications.

Suivant leur degré d'importance, on a donné aux points défendus par des fortifications, des dénominations diverses.

Tout d'abord se trouvent les *places, forts, forteresses, châteaux, citadelles, postes militaires,* etc., qui sont un ensemble d'ouvrages défensifs dont quelques-uns sont communs à tous ces points fortifiés.

Puis viennent les ouvrages qui doivent compléter cet ensemble de défenses et former, pour ainsi dire, les dépendances de ces places et forteresses, tels que :

Banquette. — Est une espèce de degré ou banc massif qui forme marche-pied au dessus du terre-plein.

La banquette est ordinairement en terre, s'élevant à 66 centimètres sur le terre-plein, et d'une largeur de 1 mètre 33 centimètres, de façon à élever le soldat et à lui donner la facilité de diriger ses coups ou par dessus le parapet, ou à travers les créneaux.

Les banquettes se divisent en banquettes de forteresse, de fortification légère, de place d'armes, de poste et de tranchée.

Bastion. — (De l'italien *bastillione*, *bastione*, dérivés de *bastillia, bastille.*) Partie saillante d'une enceinte fortifiée, qui a remplacé les tours carrées ou rondes des anciennes forteresses.

Les premiers bastions que l'on construisit ne furent que des tours plus spacieuses que celles dont l'enceinte des places fortes avait été flanquée jusqu'alors, et qui dirigeaient au dehors un angle saillant, pour procurer à la défense des feux croisés sur les approches de l'assiégeant, tandis que deux autres côtés donnaient aussi des feux croisés pour la défense du fossé.

Le système bastionné de la fortification a été porté, par Vauban et Cormontaigne, à une perfection qu'on aurait pu croire sa limite, si la portée des armes n'avait pas changé considérablement, car c'est d'après la portée des armes que la longueur de *la courtine* (partie de l'enceinte comprise entre deux bastions) doit être réglée.

Aujourd'hui, le système des tours bastionnées de Vauban est en quelque sorte abandonné, parce que la dépense est considérable et l'utilité peu certaine.

Chemin couvert. — Cet ouvrage de fortification fait partie des *dehors* d'une place, et son invention remonte au commencement des guerres de la Hollande contre Philippe II. Longtemps on lui donna le nom de corredor (*corridor*, en espagnol).

Le chemin couvert est une voie ou un terrain à ciel ouvert ; c'est l'espace compris entre la crête du glacis et le bord de la contrescarpe. Il a généralement une largeur de 10 à 12 mètres, est organisé d'une manière défensive, possède une banquette et un parapet destinés à recevoir et à couvrir les défenseurs placés pour faire la fusillade, et doit être palissadé pour être susceptible d'une bonne défense.

Le chemin couvert règne sur tout le pourtour des ouvrages d'une place ; dans tous ses angles, on ménage des espaces assez grands pour recevoir un rassemblement de troupes plus ou moins considérable ; ces espaces prennent le nom de places d'armes.

Le chemin couvert est le plus important des ouvrages extérieurs et correspond au fossé par des escaliers ou aux contre-mines du rempart.

Citadelles. — De l'italien *citta*, *cittadella*.

Les *citadelles* sont des ouvrages fortifiés du côté de la ville et de celui de la campagne, destinés soit à maintenir au besoin les habitants de la ville dans le devoir, soit à donner un refuge à la garnison, en cas de prise de la place.

Une *citadelle* est une ville toute militaire, une forteresse de second ordre attachée à une grande forteresse, mais sans y être enfermée totalement; c'est une construction séparée des maisons des citoyens par une esplanade. Principalement elle ne contient que des casernes et n'a qu'une petite étendue, pour être plus aisément défendue. A la différence des *donjons* et des *châteaux*, la *citadelle* a des *bastions* et des tours qui dominent toute la ville.

Contrescarpe. — En fortification, c'est le talus intérieur du chemin couvert jusqu'au fond du fossé.

Nous pouvons dire que dans presque toutes les places de guerre les contrescarpes sont en maçonnerie, avec un talus très-faible.

On comprend la nécessité de la contrescarpe qui oppose une difficulté nouvelle à l'assiégeant, après qu'il a fait au corps de place une brèche praticable.

Contre-garde. — Ouvrage construit en avant d'un bastion et parallèlement à ses faces, pour couvrir celles-ci contre les batteries de brèches, forcer l'assiégeant à s'emparer d'abord de cet ouvrage par les moyens qu'il aurait employés pour ouvrir le corps de place, et prolonger ainsi la durée du siége.

Courtine. — Du latin *cortina*, enceinte, cour, lieu fermé de murs. La courtine est une des parties d'une face d'une forteresse ou d'une citadelle; c'est la liaison de deux bastions. Elles sont ordinairement rectilignes, mais il y en a de *brisées* ou à *ressaut*, à *angles saillants* ou de *concaves* et de *convexes*.

Ainsi que nous l'avons vu, la longueur de la courtine est calculée à raison de la portée du fusil; les casernes doivent en être rapprochées, afin que les troupes puissent se porter rapidement à leur défense.

La courtine est l'endroit de la place le mieux défendu, et c'est là que viennent correspondre les demi-lunes ou ravelins, les portes de forteresses, les ponts dormants. (Gal Bardin.)

Crête du parapet. — Est le point d'intersection du parapet et du glacis.

Dehors. — Nom général qu'on donne à tous les ouvrages qui se construisent au delà du fossé de la place.

Quelques-uns, tels que les ouvrages à *cornes* ou à *couronnes*, se placent indifféremment en deçà ou au delà des *chemins couverts ;* d'autres, comme les *tenaillons* et les *contre-gardes* sont toujours établis en arrière des chemins couverts.

Les *lunettes*, les *redoutes* et les *forts* se placent en avant de ces chemins couverts et sont considérés comme ouvrages avancés ou comme ouvrages détachés, suivant qu'ils sont plus ou moins éloignés de la place. La loi considère comme dehors, tous les ouvrages qui sont enveloppés par la même contrescarpe que le corps de la place.

Escarpe. — En termes de fortification, l'escarpe est la pente donnée à la muraille ou terre-plein d'un ouvrage ou d'une enceinte ; c'est l'un des talus d'un fossé ; il regarde la campagne ; sa base est circonscrite par la ligne magistrale. L'escarpe a moins de saillie au sommet qu'au pied ; elle a du *fruit*, comme on dit en terme d'architecture ; les unes appuient sur des contre-forts, d'autres sont terminées par une berme, ou environnés d'une fausse braie, ou garnies d'une fraise.

Le gouverneur d'une place de guerre prend poste sur l'escarpe, s'il reçoit le chef de l'État dans l'enceinte; c'était du moins un vieil usage. L'escarpe d'un rempart revêtu commence au-dessous du cordon, puisqu'au-dessus le parapet monte verticalement. L'escarpe des remparts non revêtus commence à la partie supérieure du parapet. C'est au pied même de l'escarpe que viennent aboutir les travaux du siége offensif qu'on nomme la descente du fossé et le trou du mineur.

C'est l'escarpe que les batteries de brèche insultent. (Gal Bardin.)

Esplanade. — De l'italien *spianata.* Est un grand espace de terrain laissé vide autour des citadelles pour qu'on ne puisse en approcher sans être vu.

Ce terrain, nivelé ou légèrement incliné, s'étend, dans l'intérieur d'une place de guerre, à partir du pied du glacis de la citadelle jusqu'aux constructions des habitants de la ville.

Souvent cette esplanade sert de champ de manœuvres.

Lunette. — Ouvrages composés de deux faces ou demi-lunes présentant un angle saillant vers la campagne.

On les construit généralement auprès des glacis et vis-à-vis des angles rentrants des chemins couverts. Les lunettes sont défendues par un parapet et protégées par un fossé.

On désigne encore ainsi des espèces de places d'armes, construites quelquefois dans les angles rentrants du fossé, des bastions, des demi-lunes.

Parallèles. — En fortification, ce mot s'entend de lignes de fossés creusées pour le siége d'une place, et presque parallèles aux ouvrages situés du côté que l'on attaque.

Un siége en forme demande généralement trois parallèles.

Parapet. — Dérivé de l'italien *parapetto*, pare-poitrine. Désigne, en termes de fortification, l'élévation en terre qui couronne la partie supérieure d'un rempart.

Le parapet, dont la hauteur est de 2 mètres 50 centimètres environ, est surmonté de deux ou trois banquettes et forme le glacis, ce qui facilite aux troupes de tirer de haut en bas, dans le fossé ou sur la *contrescarpe.*

Les parapets doivent être à l'épreuve des projectiles lancés d'une distance ordinaire ; ils sont placés vers le côté extérieur du rempart.

Redans. — Du latin *recedens*, se retirant, rentrant. On appelle ainsi des lignes ou des faces qui forment des angles rentrants ou sortants, pour se flanquer les unes les autres. D'ordinaire, le parapet du chemin couvert est conduit par *redans.* On fait également des redans du côté d'une place qui regarde le bord d'un marais ou d'une rivière. Les lignes de circonvallation et de contrevallation sont aussi flanquées de redans.

Redoute. — Ouvrages de fortification isolés, de faible importance. Ce sont de petits postes militaires, fortifications détachées, construits en terre ou maçonnerie, propres à recevoir de l'artillerie et ne pouvant être enlevés qu'avec le canon.

On leur donne aussi le nom de *fortins* et *batteries.*

Rempart. (De l'italien *amparo*, défense.) On appelle ainsi la hauteur des terres qui couvrent le corps d'une place ou le terre-plein d'un ouvrage, et qui porte le parapet du côté de la campagne.

On a d'abord nommé *terrail*, *terraux*, les remparts non revêtus; c'étaient des massifs en terrasse qui ont succédé aux murailles en maçonnerie pleine du moyen âge, car le système de fortification changeant depuis l'invention de la poudre, le temps et les bras manquaient pour construire des remparts à chaux et à ciment.

Un *rempart* a son terre-plein formé de la terre extraite du fossé; il consiste en une *enceinte* rasante, composée de bastions et de courtines, couronnées d'un *parapet*, garnie d'artillerie ou susceptible d'en recevoir, entourée d'un fossé polygonal et percée de portes et de poternes.

La fortification ancienne avait son fossé accessible à l'ennemi; la fortification moderne en interdit l'approche par la construction du *chemin couvert*, protégé lui-même par des dehors; une dissemblance aussi marquée a totalement changé la forme des siéges et la marche des attaques, puisque le cordon n'est aperçu que du chemin couvert, et que l'*escarpe* et la *contrescarpe* sont masquées par les ouvrages extérieurs. Un rempart étant originairement le produit d'une tranchée et du travail des constructeurs que le langage ancien appelait *trancheours*, quelques-uns ont pris comme synonymes *rempart* et *retranchement;* mais il y a maintenant cette différence qu'un retranchement est un travail plus général, et qu'un rempart est la pièce principale d'un retranchement.

Les remparts sont gardés par des guérites qu'on appelait jadis *échauguettes* et *nids de pie;* ils sont à fossé sec ou inondé; ils recèlent, s'il y a lieu, des contre-mines; il y en a de *casematés;* ils surmontent tant soit peu les dehors, rasent le glacis, couvrent les casernes et doivent être à l'abri de tout commandement qui les dominerait. (Gal BARDIN.)

Rue du rempart. — Ouverte à l'intérieur de la place fortifiée et au pied du talus, établit une voie de communication entre toutes les parties de l'enceinte.

Tenailles. — Tenaillons. — Nom donné à un ouvrage à angles saillants, situé en avant du ravelin. On a reconnu qu'il y avait avantage à faire le ravelin plus grand, que d'établir des tenailles, qui, ne présentant pas de protection absolue, fournissent à l'ennemi la place nécessaire pour établir des batteries de brèches, et augmentent les frais de construction en raison de l'extension donnée aux travaux de maçonnerie.

Les tenaillons sont des ouvrages de même nature, ayant des proportions moindres, élevés des deux côtés du ravelin et auxquels on donne aussi le nom de lunettes.

CAEN, TYP. GOUSSIAUME DE LAPORTE.

CAEN, TYPOGRAPHIE GOUSSIAUME DE LAPORTE.

www.ingramcontent.com/pod-product-compliance
Ingram Content Group UK Ltd.
Pitfield, Milton Keynes, MK11 3LW, UK
UKHW031847260826
14628UKWH00002B/628

9 782014 099713